UN NUEVO LÉXICO EN LA RED

COLECCIÓN

Nuevos Discursos

FERNANDO VILCHES
Editor

UN NUEVO LÉXICO EN LA RED

Tomás Albaladejo
José Manuel González Huesa
Alberto Hernando García-Cervigón
Carlos Oliva Marañón
Raquel Pinilla Gómez
F. Sáez Vacas
Jesús Sánchez Lobato
Ramón Sarmiento
Fernando Vilches

© Copyright by
Los autores
Madrid

Editorial DYKINSON, S. L. Meléndez Valdés, 61-28015 Madrid
Teléfono (+34) 91 544 28 46-(+34) 91 544 28 69

e-mail: info@dykinson.com
http://www.dykinson.es
http://www.dykinson.com

Consejo editorial véase www.dykinson.com/quienessomos

ISBN: 978-84-9982-000-2
Depósito legal: M-5429-2011

Maquetación:
BALAGUER VALDIVIA, S. L.
gbalaguer@telefonica.net

Impresión Digital por:
Coimpress Artes Gráficas
e-mail: clientes@coimpress.es

ÍNDICE

PRELIMINAR

Una vez más, la profesionalidad de Rafael Tigeras y del equipo de Dykinson hace posible que vea la luz este volumen fruto de las *V Jornadas sobre Neologismo* que celebramos anualmente en la Universidad Rey Juan Carlos, en esta ocasión con el título "Un nuevo léxico en la Red".

Supone ya el número cuatro de la colección "Nuevos Discursos" y responde al esfuerzo de una serie de profesores que, año tras año, y a pesar de la crisis económica, seguimos investigando en los nuevos lenguajes de la Red, que no es ni más ni menos que investigar sobre el futuro de la Lengua Española.

Y, un año más, hemos de ser agradecidos con la colaboración generosa de la Fundación Vodafone España cuya aportación económica nos ha permitido celebrar aquellas Jornadas y sacar hoy a la luz su resultado en formato libro.

En primer lugar, a José Luis Ripoll, presidente de la Fundación, viejo amigo de los profesores que hemos organizado este encuentro académico, quien, además, lleva años propiciando la colaboración de la Fundación Vodafone España con la Universidad Rey Juan Carlos.

En segundo lugar, al nuevo Director de la Fundación Vodafone España Santiago Moreno cuya generosidad no sólo ha sido económica, sino también personal, pues, aparte de confiar en el proyecto que le presentamos, vino a clausurar nuestras Jornadas haciendo un hueco en su apretadísima agenda, y no dudó en darnos su apoyo para que pudiéramos celebrar nuestra tradicionales Jornadas en un año de crisis económica palpable.

Se mostró en su intervención como un brillante ingeniero con una especial sensibilidad para el mundo de las humanidades.

En tercer lugar, a sus colaboradores Mar Fernández, Javier del Arco y Rosana Menéndez sin cuyo trabajo, sugerencias, aportaciones y excelente profesionalidad no podríamos estar realizando este Preliminar a un nuevo libro en la editorial Dykinson.

En cuarto lugar, a nuestro Vicerrector de Investigación Rafael Van Grieken, quien ya es tradicional en la inauguración de nuestras Jornadas y cuyo apoyo personal e institucional apreciamos enormemente.

En quinto lugar, a nuestro decano Antonio García que, en la medida de sus posibilidades, está propiciando que nuestra Facultad de Comunicación se convierta en un referente positivo y activo de actos de naturaleza académica con trascendencia fuera de los muros de nuestra Universidad.

También quiero agradecer la participación de los profesores de la UCM, de la UEX, de la UAM y de la URJC que presentaron sus ponencias y debatieron con los alumnos con su habitual profesionalidad, generosidad y competencia.

Y, por último, a quienes asistieron a estas Jornadas, alumnas y alumnos de la URJC, que tuvieron que sacrificar horas de ocio y recuperar clases perdidas por escuchar a distintos profesores especialistas en cuestiones de lengua española, que están haciendo un esfuerzo por reflexionar sobre los nuevos derroteros de nuestro idioma y por analizar su presencia en la Red y las repercusiones que los nuevos usos del español están teniendo en los últimos tiempos.

Cada año nos hemos fijado en un aspecto de la relación entre la lengua y las nuevas tecnologías. En 2009, concretamente, nuestra atención se fijó en cuestiones relativas al nuevo léxico que estas TIC están propiciando. Esperamos –y deseamos– que este granito de arena en un campo casi yermo y con mucho que explorar resulte de utilidad para estudiosos, curiosos y futuros investigadores sobre el apasionante mundo de las lenguas y su presencia constante en la red de redes, la Internet.

Y, antes de hacer un breve repaso al trabajo de los profesores que hemos incluido en este libro, quiero mencionar a la profesora Carmen Galán, de la UEX, que ha participado en todas las Jornadas que hemos celebrado hasta ahora, pero que esta vez se ha visto imposibilitada para tener a tiempo el original de su intervención. Como una de las razones de este inconveniente ha sido su acceso a la Cátedra, su ausencia tiene un sabor agridulce que todos comprendemos. Pero nuestro agradecimiento sigue siendo enorme por el esfuerzo que realiza cada año para estar con nosotros.

En este volumen, el profesor Albaladejo se ocupa del discurso digital, de las competencias que le son propias y de su accesibilidad. En cuanto a ésta, nos dice, "tiene una consecuencia importante en relación con el patrimonio literario y discursivo. Internet, que, sin lugar a dudas, puede ser considerada una revolución en la comunicación, constituye un instrumento de acceso a numerosos servicios de muy diversa índole, muchos de ellos relacionados con las necesidades propias del ser humano, como pueden ser los viajes, la salud, la relación con la Administración, el conocimiento, el ocio, etc.".

El Director General de Servimedia José Manuel González Huesa, un periodista que lleva años en el mundo de la comunicación social, nos acerca al mundo de la discapacidad desde la información responsable, y nos recuerda que esta "no es una cuestión de un día, sino una labor permanente, constante" y hace un recorrido histórico sobre la presencia de las personas con discapacidad a través de la historia y de la literatura.

El profesor Hernando García-Cervigón nos acerca al mundo de los "chats" desde el punto de vista lingüístico y analiza el lenguaje de esta nueva vía de comunicación en la Red desde aspectos tan diversos como la comunicación no verbal, la ortografía, la morfosintaxis y los aspectos léxico-semánticos.

El profesor Oliva centra su análisis en los titulares de la prensa digital, de los que analiza su lenguaje periodístico, las características de éste frente a otros lenguajes, se aproxima al estudio del léxico de los titulares por campos semánticos y, finalmente, da una clasificación de los titulares y aporta ejemplos de la prensa en Internet.

La profesora Raquel Pinilla se acerca al desconocido mundo de la discapacidad a través de dos neologismos en la Red que han motivado su reflexión: "vida independiente" y "accesibilidad", cuya importancia en el mundo de la información social pone de relieve a lo largo de su capítulo. Escribe, por ejemplo, que "Como dato relevante en el camino que va recorriendo en la Red este concepto de "vida independiente", capaz de abrir las puertas a una cultura y a una filosofía de vida para las personas con discapacidad, señalaremos que ASPAYM Madrid ha producido el primer documental sobre Vida Independiente, que lleva por título. *Vidas iguales, vidas diferentes. Historias de asistencia personal*".

El profesor Sánchez Lobato, Discípulo del añorado Alonso Zamora Vicente y maestro de una amplia generación de extranjeros especialistas en lengua española, dedica su capítulo a una amplia, exhaustiva y divertida mirada a los principales rasgos lingüísticos de la comunicación verbal en los medios actuales de comunicación social. En su trabajo, reivindica la importancia de la ortografía en la Lengua Española en los nuevos sistemas de comunicaciones, frente a quienes la consideran una norma anticuada y poco necesaria. Tras esta reflexión, vuelca su análisis en las tendencias de la lengua española en los medios de comunicación y los rasgos lingüísticos del español actual.

Los profesores Vilches y Sarmiento, cuyas comunicaciones conjuntas son habituales desde que comenzamos, hace ya seis años, estas Jornadas, realizan un análisis del uso del español que se utiliza en la Red para demostrar que se descuida enormemente el uso de un español normativo. Para ello, y por razones metodológicas, dividen su trabajo, tras analizar la presencia del inglés en Internet y advertir de que un nuevo lenguaje se está fraguando en la red de redes, en cuatro apartados muy prácticos en los que analizan el español en los siguientes textos de la Red: "Documentos de organismos e instituciones oficiales"; "Ofertas de trabajo"; "Intentos de estafas"; y "Publicidad".

Por último, el profesor Emérito de la Universidad Politécnica de Madrid Fernando Sáez Vacas realiza un interesante repaso a una vida de investigación que le llevó a crear una serie de neologismos, tanto en su labor investigadora, como en su vertiente docente, para hacer comprender mejor muchos de los curiosos fenómenos que están circulando hoy por Internet y cuyo futuro es tan apasionante como incierto.

Presentamos, pues, con el sello de la prestigiosa editorial Dykinson, y bajo el patrocinio de la Fundación Vodafone España, un libro que trata de abrir las puertas e iniciar la andadura en los estudios sobre la lengua española en Internet con la mente abierta para incorporar cuantos neologismos sean necesarios, pero con la prudencia adecuada para no convertir la Red en la autopista de un idioma más complicado y menos normativo que el "spanglish" que se extiende por la costa este de los Estados Unidos.

El reto es posible. El logro depende de nosotros.

Fernando Vilches
Editor

ACCESIBILIDAD Y RECEPCIÓN EN EL DISCURSO DIGITAL. LA GALAXIA DE DISCURSOS DESDE EL ANÁLISIS INTERDISCURSIVO

TOMÁS ALBALADEJO
Universidad Autónoma de Madrid / The University of Nottingham

I.

La transformación que han experimentado el canal de la comunicación y el soporte del mensaje con la tecnología digital ha permitido la creación de una nueva clase de discurso, el discurso digital, que es de carácter multimedial y contiene elementos visuales y acústicos y elementos lingüísticos y no lingüísticos. La existencia de un nuevo canal, a la vez visual y acústico, lingüístico y no lingüístico, y de un nuevo soporte de base electrónica e informática ha producido transformaciones sustanciales en el código, con la creación de un código complejo en el que están presentes el código lingüístico general, concretado en los códigos lingüísticos que son las lenguas naturales, pero en el que también están presentes diversos códigos de signos visuales y acústicos no lingüísticos.

Se puede tomar en consideración la existencia de un *macrodiscurso digital* del que forman parte varios discursos digitales. El macrodiscurso ha de ser examinado como

* Este trabajo es resultado de la investigación realizada en el proyecto de investigación de referencia HUM2007-60295, financiado por la Secretaría de Estado de Investigación del Ministerio de Ciencia e Innovación.

construcción émica[1], es decir, como categoría o construcción teórica y abstracta, a la que corresponden los macrodiscursos digitales éticos o concretos. El macrodiscurso está formado por el sitio web en el que están alojadas varias páginas web[2] o por la página web, mientras que los discursos en él incluidos son todos aquellos discursos insertos que se integran en él por medio de la tecnología digital, como son, por ejemplo, los textos de las noticias contenidos en un periódico digital, los textos informativos que hay en determinados sitios y páginas web, pero también los discursos fílmicos y sonoros, construcciones visuales y acústicas a las que se accede en los correspondientes enlaces en el espacio del hipertexto. La estructura discursivo-comunicativa formada por el macrodiscurso digital y por los discursos insertos está regida por una organización hipertextual, en la que mediante enlaces se accede de unos discursos, incluido el macrodiscurso, a otros discursos. El discurso digital, como macrodiscurso y como discurso inserto, no es un discurso transferido, no es meramente un discurso que desde la oralidad o la escritura pasa a un soporte digital, si bien puede haber discursos insertos que sean discursos orales o discursos escritos que sean comunicados digitalmente como podrían serlo en un soporte impreso o en un soporte magnetofónico. El discurso principalmente digital tiene unas características propias, como pueden ser enlaces desde el mismo discurso a otros discursos, concordancias, elementos destacados, etc., que hacen de él un discurso diferente del escrito o del oral, incluso del oral grabado en soporte audiovisual.

La producción del discurso digital requiere competencia lingüístico-comunicativa (compentencia lingüística y compe-

[1] Sobre la distinción entre émico y ético, véase Kenneth L. Pike, *Language in Relation to a Unified Theory of the Structure of Human Behavior*, La Haya, Mouton, 2.ª ed. revisada, 1976, pp. 37-38.

[2] Sobre los conceptos de sitio web y página web, véase Rafael Fernández Calvo, *Glosario básico inglés-español para usuarios de Internet*, Asociación de Técnicos de Informática, 4.ª ed., 2006: http://www.ati.es/novatica/glointv2.html (fecha del último acceso: 1 de febrero de 2010).

tencia del uso comunicativo y social del lenguaje, la cual es competencia de base pragmática), pero ésta no es suficiente, ya que, además, es necesario que quien produce dicho discurso se encuentre en posesión de una competencia de carácter técnico o tecnológico[3] que le permita manejar adecuadamente los instrumentos informáticos que se precisan para producir el discurso digital y para ponerlo en situación de ser comunicado a los receptores del modo más eficaz posible, con la consecución del máximo grado de persuasión, en el ámbito de la praxis de la retórica de la comunicación[4]. Exigencias en gran medida similares se dan para la recepción del discurso digital, para la cual es necesaria la competencia lingüística, pero, junto a ésta, también es necesario un mínimo de conocimientos técnicos, además de, como en el caso de la producción, disponer de ordenador y de los programas adecuados para poder acceder al discurso digital. En su relato-ensayo *Lo antiguo y lo definitivo*, Isaac Asimov presenta las dificultades de recepción discursiva en soportes tecnológicamente sustentados[5], lo que puede servirnos para tener en cuenta, además de la competencia lingüístico-comunicativa y de la competencia técnica, la necesidad de contar con la máquina o instrumento que es el

---

[3] Véase Tomás Albaladejo, «Retórica, tecnologías, receptores», en *Logo. Revista de Retórica y Teoría de la Comunicación*, I, 1, 2001, pp. 9-18.

[4] A propósito de la retórica de la comunicación, véase Tomás Albaladejo, «Retórica de la comunicación y retórica en sociedad», en Helena Beristáin, Gerardo Ramírez Vidal (eds.), *Crisis de la historia*, México, Universidad Nacional Autónoma de México, 2009, pp. 39-58.

[5] Isaac Asimov, *Lo antiguo y lo definitivo*, en Isaac Asimov, *El secreto del universo y otros ensayos*, traducción al español de Marta Heras, Madrid, Temas de Hoy, 1996, pp. 231-244. Este texto de Asimov ha sido lúcidamente analizado por Javier Rodríguez Pequeño, «La comunicación literaria que viene», en *Salina. Revista de Lletres*, 10, 1996, pp. 234-235. Téngase en cuenta para este tipo de recepción discursiva el decisivo planteamiento de María Amelia Fernández Rodríguez, «Los nuevos lectores», en *Tonos. Revista Electrónica de Estudios Filológicos*, 4, 2002:
http://www.um.es/tonosdigital/znum4/estudios/Ameliafernandez.htm (fecha del último acceso: 1 de febrero de 2010).

ordenador y con los programas correspondientes. La accesibilidad a la comunicación digital se presenta, por tanto, constituida por tres niveles, de los cuales dos son competenciales (el lingüístico-comunicativo y el técnico), mientras que otro es de carácter instrumental. La accesibilidad comunicativa digital no se podrá dar si se carece de alguno de los conocimientos o de los dispositivos representados por el conjunto de estos tres niveles. Si la falta de competencia lingüístico-comunicativa y la carencia de los conocimientos técnicos imprescindibles suponen un impedimento para la comunicación digital, es obvio que hay que tener en cuenta la barrera imposibilitadora que supone no poseer el *hardware* y el *software* necesarios para dicha comunicación.

Si damos por descontada y por asumida la necesidad de la competencia lingüístico-comunicativa de una o varias lenguas naturales, por ser imprescindible para toda comunicación en la que intervienen las lenguas naturales, la accesibilidad productiva y la accesibilidad interpretativa a la comunicación digital y a los discursos generados o apoyados en ésta, es decir, la construcción de discursos digitales y su interpretación, están sujetas a una competencia técnica y a la posesión de unos instrumentos informáticos, que son los programas informáticos y los dispositivos, como los ordenadores, los discos, los lápices de memoria, etc.

Se puede decir que la competencia que permite la accesibilidad al discurso digital es una *competencia acumulada*, que comienza por la competencia lingüístico-comunicativa, la cual constituye una base a la que se añade y sobre la que se sitúa la competencia técnica, y ésta solamente puede ejercerse si se dispone de los instrumentos necesarios para producir y recibir e interpretar el discurso digital. Este conjunto competencial implica un cambio en algunos hábitos comunicativos procedentes del uso oral o escrito de las lenguas, como es el caso de la linealidad; en el discurso digital se producen unas limitaciones de la linealidad, que, si bien está presente en el mismo, tiene una presencia matizada, limitada, por la condición no lineal del discurso y del conjunto de discursos que componen el macrodiscurso digital. János S. Petöfi planteó con pleno acierto la linealidad no fijada en sus planteamientos lingüístico-textuales y teórico-textuales, en lo que es un precedente muy importante de la construcción no lineal del discurso digital, de su construcción hipertextual[6].

Por la presentación en pantalla del discurso digital, en su interpretación se da una combinación de exploración global del discurso presentado, que es desplegado ante el receptor, y de lectura lineal de aquellos componentes del discurso que son de carácter visual y lingüístico. En este sentido, es de gran interés la explicación que, a partir de una investigación empírica, hicieron hace algunos años Steve Outing y Laura Ruel sobre el acceso visual al discurso digital[7].

II.

La recepción del discurso digital es una recepción de índole multimedial que resulta incompleta si algunos de los componentes de aquél no son accesibles en el proceso interpretativo. Para que tenga lugar el imprescindible acceso al discurso digital en el proceso de su interpretación, es necesario que la accesibilidad esté garantizada a partir de un óptimo estado de

---

[6] Véase János S. Petöfi, *Transformationsgrammatiken und eine kotextuelle Texttheorie*, Frankfurt, Athenäum, 1971; János S. Petöfi, «Towards an Empirically Motivated Grammatical Theory of Verbal Texts», en János S. Petöfi, Hannes Rieser (eds.), *Studies in Text Grammar*, Dordrecht, Reidel, 1973, pp. 205-275; János S. Petöfi, *Vers une théorie partielle du texte*, Hamburgo, Buske, 1975; János S. Petöfi, «Una teoría formal y semiótica como teoría integrada del lenguaje natural (Notas metodológicas)», traducción al español de Tomás Albaladejo, en János S. Petöfi, Antonio García Berrio, *Lingüística del texto y crítica literaria*, Madrid, Comunicación, 1979, pp. 127-145.

[7] Steve Outing, Laura Ruel, «What We Saw When We Looked Through Their Eyes», en *Eyetrack III. Online News Consumer Behavior in the Age of Multimedia*, 2004: http://www.poynterextra.org/eyetrack2004/main.htm (fecha del último acceso: 1 de febrero de 2010).

los fundamentos tecnológicos. La pérdida del sonido, las malas condiciones de la conexión de internet que se dan en algunas ocasiones y circunstancias, las limitaciones de las versiones antiguas de algunos navegadores ante el volumen y las características de documentos y programas más modernos, etc. condicionan la recepción y la consiguiente interpretación del discurso digital puesto que no permiten que sea plenamente accesible al receptor-intérprete. La presencia de enlaces hipertextuales que, por falta de atención permanente y revisión constante del macrodiscurso digital y de su red de enlaces, conduzcan a direcciones o lugares de la red que han sido cancelados y, asimismo, la dificultad de conexión de algunos de estos enlaces son obstáculos para la accesibilidad, que no sólo tiene que darse en el caso del macrodiscurso, sino también en el todos sus enlaces, en el conjunto de su configuración hipertextual[8], en tanto en cuanto han sido considerados y asumidos como parte del discurso desde el cual son activados, en unos casos como elementos necesarios y en otros como elementos complementarios.

La recepción del discurso digital, por su condición de macrodiscurso, se lleva a cabo de manera global y en el conjunto macrodiscursivo por medio de un procesamiento interpretativo de los distintos componentes y enlaces. Se trata de una inter-

---

[8] Véase María José Vega Ramos (ed.), *Literatura hipertextual y teoría literaria*, Madrid, Mare Nostrum, 2003; Francisco Chico Rico, «Teoría retórica como teoría del texto y narración digital como narración hipertextual. Perspectivas de estudio entre la tradición y la modernidad», en Jaime A. Rodríguez Ruiz (coord.), *Narrativa Digital*, número especial de *Cuadernos de Literatura de la Pontificia Universidad Javeriana de Bogotá*, XII, 23, 2007, pp. 54-74, también en:
http://www.cibersociedad.net/congres2006/gts/comunicacio.php?id=420&llengua=es (fecha del último acceso: 1 de febrero de 2010); Francisco Chico Rico, «Literatura y Teoría literaria en la era digital», en María Victoria Utrera Torremocha, Manuel Romero Luque (eds.), *Estudios literarios in honorem Esteban Torre*, Sevilla, Universidad de Sevilla, 2007, pp. 787-800; Virgilio Tortosa (ed.), *Escrituras digitales. Tecnologías de la creación en la era virtual*, Alicante, Universidad de Alicante, 2008.

pretación del discurso digital en su globalidad y en sus partes, para lo cual tienen que confluir en la interpretación los distintos constituyentes del canal multimedial (en la antes mencionada combinación de lo lingüístico, lo no lingüístico, lo visual y lo acústico) y también todos los componentes del discurso, todos los discursos insertos, todos los enlaces, todos los factores de la comunicación digital que contribuyen al sentido compuesto y complejo del macrodiscurso digital. Con tal fin, una de las tareas en la producción discursiva digital, en la construcción del macrodiscurso, es la atención a la accesibilidad, en un constante proceso de desplazamiento analítico y reflexivo desde la instancia productora a la instancia receptora del discurso, de tal modo que no se dé ningún paso en la poiesis del discurso digital que no sea contrastado en su funcionamiento y validez comunicativa por medio de dicho desplazamiento, en una simulación de la interpretación. Esta simulación puede ser llevada a cabo situándose interpretativamente ante el discurso digital quienes lo construyen y también por medio de una prueba interpretativa como operación empírica en la que se ofrezca el discurso a un conjunto de receptores que sea considerado representativo de la realidad del conjunto de futuros receptores efectivos, con el fin de que se puedan identificar posibles problemas de accesibilidad e interpretación. Esta interacción comunicativa permite una producción discursiva responsable hacia los receptores, en la que se garantiza la posibilidad de acceso al discurso como puerta para su recepción e interpretación.

Accesibilidad y recepción están unidas en el discurso digital, pues sin aquélla no es posible ésta. La accesibilidad es una condición para la recepción y hace posible el procesamiento interpretativo de este complejo discurso en una visualización y una consideración global de éste que permite las distintas vías posibles hacia él, en una conjunción de linealidad y comprehensividad visual y acústica, siendo así que, a su vez, el tránsito interpretativo por dichas vías contribuye a la mencionada consideración global, a la que está asociada la comprensión del macrodiscurso digital y, en su conjunto, de todos los discursos digitales que están integrados en él.

La producción discursiva digital orientada a la accesibilidad para la recepción hace posible la configuración de un discurso que tiene su propio lugar en la comunicación, sin que desplace necesariamente a los discursos no digitales, a los discursos orales y escritos, los cuales mantienen sus correspondientes estatutos y sus rasgos propios, conectados con los respectivos canales de la comunicación, incluso estando insertos en el discurso digital.

III.

La accesibilidad al discurso digital tiene una consecuencia importante en relación con el patrimonio literario y discursivo. Internet, que, sin lugar a dudas, puede ser considerada una revolución en la comunicación, constituye un instrumento de acceso a numerosos servicios de muy diversa índole, muchos de ellos relacionados con las necesidades propias del ser humano, como pueden ser los viajes, la salud, la relación con la Administración, el conocimiento, el ocio, etc. En esta línea de contribución al ser humano, Internet hace posible el acceso a recursos culturales que, si bien pueden ser también accesibles al margen de la Red, ven cualitativa y cuantitativamente mejorada su accesibilidad gracias a esta construcción tecnológica de la sociedad contemporánea. La tecnología digital ha hecho posible nuevas formas de ofrecer a la sociedad el patrimonio discursivo en general y literario en particular[9]. Ha contribuido

---

[9] Tomás Albaladejo, «Literatura y tecnología digital: producción, mediación, interpretación», en Fernando Garrido (coord.), *Actas electrónicas del 3.º Congreso On Line del Observatorio para la Cibersociedad. «Conocimiento Abierto, Sociedad Libre»*, Barcelona, Generalitat de Catalunya – Diputació de Barcelona, Cornellà Net, dd Media, 2007, también en: http://www.cibersociedad.net/congres2006/gts/comunicacio. php?id=736&llengua=es (fecha del último acceso: 1 de febrero de 2010); Tomás Albaladejo, «La lengua en la red y la lengua de la red: a propósito de

así a la persistencia del patrimonio formado por las obras literarias y por los discursos públicos, por los discursos retóricos que han tenido una significación histórica y social importante para determinadas culturas y también para el ser humano en su universalidad; es el caso, por ejemplo, del discurso *I have a dream* de Martin Luther King, pronunciado el 28 de agosto de 1963 en Washington[10]. Las bibliotecas y los repertorios digitales recogen así y ofrecen al público obras literarias y discursos que son parte del patrimonio cultural, y lo hacen poniendo al servicio de la accesibilidad los avanzados recursos tecnológicos de los que se dispone en la actualidad.

Las bibliotecas digitales son una de las más importantes aportaciones de la tecnología digital a la accesibilidad del patrimonio literario y discursivo. Aunque en estas bibliotecas las obras se encuentran en versiones digitalizadas a partir de distintas ediciones, también hay en ellas grabaciones sonoras y audiovisuales de representaciones teatrales o recitales de poesía en versiones audiovisuales, con aprovechamiento de la multimedialidad del canal. Así, por ejemplo, dentro de la Biblioteca Virtual Miguel de Cervantes, en la Biblioteca de Autor dedicada a Lope de Vega, dirigida por Miguel Ángel Auladell,

---

la literatura en Internet», en Ramón Sarmiento, Fernando Vilches Vivancos (eds.), *La calidad del español en la Red. Nuevos usos de la lengua en los medios digitales*, Barcelona, Ariel – Fundación Telefónica, 2009, pp. 19-25.

[10] Martin Luther King, *I have a dream*, en *History and Politics Out Loud*, Chicago, Northwestern University:
http://www.hpol.org/record.php?id=72 (fecha del último acceso: 30 de abril de 2010); traducción al español de Tomás Albaladejo en:
http://www.um.es/tonosdigital/znum7/relecturas/Ihaveadream.htm (fecha del último acceso: 30 de abril de 2010). La grabación audiovisual de este discurso está en You Tube: http://www.youtube.com/watch?v=PbUtL_0vAJk (fecha del último acceso: 30 de abril de 2010). Véase María Amelia Fernández Rodríguez, «*Tengo un sueño*. Emilio Castelar y Martin Luther King. Utopía, Literatura y Retórica en el discurso antiesclavista», en José Antonio Hernández Guerrero, María del Carmen García Tejera, Isabel Morales Sánchez, Fátima Coca Ramírez (coords.), *Oratoria y literatura*, Cádiz, Universidad de Cádiz, 2004, pp. 35-42.

es posible acceder a la lectura del soneto que abre las *Rimas* de Lope de Vega y también a la audición de éste, recitado por Rafael Taibo[11].

La accesibilidad a los discursos y a las obras literarias en sus distintas formas asociadas a distintos canales de la comunicación (escrito, oral, multimedial) es posible gracias a la utilización de la tecnología informática en las grabaciones que ésta hace posible incluso al margen de internet, pero se ve potenciada gracias a la superación de barreras geográficas en la comunicación por medio de internet. Son de este modo posibles una recepción y una interpretación de alcance universal, siempre que se tenga la competencia acumulada a la que antes me he referido. Que la accesibilidad se mantenga y se dé en las mejores condiciones posibles es el desafío al que se enfrentan los productores de los macrodiscursos digitales, que han de estar atentos a aquélla comprobando que la recepción es posible, dentro del desplazamiento constante de la perspectiva de la producción a la de la recepción. Garantizar la accesibilidad al patrimonio discursivo y literario en Internet como conjunto de discursos es validar su recepción, la cual de otro modo no podría producirse, si se interrumpiera o se alterara el flujo comunicativo –la conexión, en definitiva– por el que el receptor es unido al discurso digital.

La accesibilidad digital está asociada a la persistencia y a la proyección del patrimonio discursivo y literario. La conservación de éste y su puesta en situación comunicativa garantizando el acceso son acciones complementarias. Frente a una conservación de este patrimonio en una situación de difícil acceso comunicativo, lo cual disminuye el sentido del propio patrimonio en la medida en que lo mantiene aislado, se impulsa su activación comunicativa, que se da también al margen de la tecnología digital, pero a la que ésta ofrece unas nuevas y extraordinarias posibilidades de comunicación, de puesta

---

[11] En la siguiente dirección:
http://www.cervantesvirtual.com/servlet/SirveObras?portal=49&Ref=94 49&audio=0 (fecha del último acceso: 30 de abril de 2010).

a disposición de los receptores y de la sociedad en general. Sirva como ejemplo el manuscrito de las *Cantigas de Santa María* que se encuentra en la Biblioteca Digital Hispánica de la Biblioteca Nacional[12].

IV.

El estudio de la accesibilidad al discurso digital, como macrodiscurso y como discurso inserto en aquél, no puede llevarse a cabo de manera completa y exhaustiva sin tener en cuenta las relaciones de interdiscursividad[13] que existen entre todos los discursos en medio de los cuales nos encontramos los seres humanos. Éstos forman una *galaxia de discursos* que adquiere mayor complejidad en tanto en cuanto se ve potenciada por instrumentos comunicativos de carácter informático. El ser humano a lo largo de la historia siempre ha vivido en medio de una galaxia de discursos, de la que formaban parte los discursos retóricos, las obras literarias, los discursos orales, los discursos escritos, las traducciones de obras de lenguas distintas a la propia, etc. Esta galaxia de discursos, precisamente por la historicidad discursiva, se ha ido ampliando con el paso del tiempo, con la evolución de la sociedad y de la cultura, con la acumulación de nuevos discursos y nuevas obras y con el consiguiente aumento del acervo discursivo y literario. La imprenta, el nacimiento y el desarrollo del periodismo, la radio y la televisión han contribuido históricamente a la ampliación de la galaxia de discursos, además de facilitar el acceso a los discursos de un número de receptores cada vez mayor[14] en una

---

[12] En la siguiente dirección:
http://bdh.bne.es/bnesearch/CompleteSearch.do?text=manuscritos&ex act=&advanced=false&type=Manuscrito&pageSize=1&pageNumber=4 (fecha del último acceso: 12 de julio de 2010).

[13] Sobre la interdiscursividad, véase Tomás Albaladejo, «Retórica, comunicación, interdiscursividad», en *Revista de Investigación Lingüística*, 8, 2005, pp. 7-33.

[14] Véase Tomás Albaladejo, «Retórica, tecnologías, receptores», cit., p. 14.

intensificación constante de la comunicación de masas[15]. Pero ha sido la tecnología digital la que en mayor medida ha contribuido a la complejidad de la galaxia de discursos al permitir la presencia conjunta y la accesibilidad a discursos digitales y no digitales, a discursos de las más diversas clases, en el ámbito del macrodiscurso digital y en la configuración de aquéllos como discursos digitales y como discursos no digitales comunicados por medio de dicha tecnología. Y ello unido a la existencia de la galaxia de discursos previamente a la aplicación de esta tecnología a la comunicación discursiva.

Esta situación comunicativa ha propiciado las relaciones entre los discursos propiamente digitales y los no digitales, así como las relaciones entre distintas clases de discursos: literarios, periodísticos, jurídicos, históricos, etc. Son relaciones interdiscursivas, asentadas sobre la interdiscursividad que se da en la galaxia de discursos. Así, el análisis interdiscursivo[16] como análisis de especímenes de distintas clases de discursos y como análisis también de las propias clases de discursos, puede contribuir al conocimiento de las diferencias y semejanzas entre discursos y, en definitiva, de la propia galaxia de discursos, con un examen crítico y una explicación tanto de la constitución de los discursos y de sus clases como de las relaciones entre los distintos discursos concretos y entre las distintas clases de discursos.

La accesibilidad proporcionada y sostenida por la tecnología digital permite que el receptor encuentre un conjunto de

---

[15] Véase el imprescindible libro de Manuel Martínez Arnaldos, *Lenguaje, texto y mass-media. Aproximación a una encrucijada*, Murcia, Universidad de Murcia, 1990.

[16] He planteado el análisis interdiscursivo en Tomás Albaladejo, «Semiótica, traducción literaria y análisis interdiscursivo», en Miguel Ángel Garrido Gallardo, Emilio Frechilla Díaz (eds.), *Teoría/Crítica. Homenaje a la Profesora Carmen Bobes Naves*, Madrid, Consejo Superior de Investigaciones Científicas, 2007, pp. 61-75; Tomás Albaladejo, «Los géneros retóricos y el análisis interdiscursivo», en Francisco Cortés Gabaudan, Julián Víctor Méndez Dosuna (eds.), *Dic mihi, Musa, virum. Homenaje al Profesor Antonio López Eire*, Salamanca, Universidad de Salamanca, 2010, pp. 39-46.

discursos y obras literarias de diferentes clases y géneros y llegue a ellos interpretativamente en un proceso lleno de variedad, pluralidad discursiva y complejidad en el que el macrodiscurso digital actúa a la vez como distribuidor discursivo, como organizador de conjuntos de discursos y como espacio dinámico de contacto e intercambio entre distintos discursos y entre las clases de éstos, incluida la literaria con sus correspondientes géneros. La accesibilidad contribuye a la presencia de la galaxia de discursos y a la afirmación de la conciencia de ésta en quienes participan en la comunicación discursivo-digital. El análisis interdiscursivo permite enfrentarse a la diversidad discursiva a la que se proporciona el acceso y examinar el macrodiscurso digital en la complejidad de sus discursos digitales y discursos no digitales, así como las influencias de unos en otros. De igual modo, la coexistencia en el macrodiscurso de distintas clases dentro del conjunto de los discursos digitales, así como dentro del de los no digitales, con las consiguientes relaciones e influencias, es objeto del análisis interdiscursivo en aras de la elucidación de la configuración del conjunto de los discursos que constituyen el macrodiscurso digital. El análisis interdiscursivo funciona así como examen consciente y explícito de una realidad comunicativa a la que el receptor responde en su procesamiento interpretativo de ella. La explicación de que la galaxia de discursos no es una construcción caótica, sino internamente estructurada y funcionalmente orientada, es una finalidad del análisis interdiscursivo del macrodiscurso y de las redes discursivas e hipertextuales que contiene y por las que es configurado como tal macrodiscurso.

V.

La tecnología digital proporciona una accesibilidad a las construcciones discursivas que fundamenta la conciencia de globalidad estructurada no sólo del macrodiscurso digital, sino también de la realidad discursiva que comunicativamente nos envuelve como galaxia de discursos en los que producción y

recepción, creación e interpretación, están muy estrechamente
relacionadas, de tal modo que forman un cedazo interactivo en
el que la identificación de los discursos y la propia conciencia
de la producción y de la interpretación definen la discursivi-
dad, no sólo en el ámbito digital, sino también en el no digital,
como interdiscursividad, dando validez a la relación entre discursos frente a un aislamiento de éstos que haría difícilmente
comprensibles los discursos en su complejidad y riqueza, pri-
vándoles del sentido que adquieren en su contacto y conexión
con otros discursos.

EL VALOR DE LAS AUDIENCIAS/EL PODER DE LAS PALABRAS

José Manuel González Huesa
Director general de Servimedia

¿Cuál es el verdadero papel de un medio de comunicación? ¿Denuncia, descripción de lo que pasa, información? ¿Dónde está el límite? Cada medio tiene su propio código de conducta y cada periodista, su propia conciencia, pero, como norma general, la prensa debería ponérselo más fácil a quien tiene una vida más complicada o, por lo menos, darle una oportunidad.

No es habitual que una persona con discapacidad alcance una audiencia de más siete millones de personas ante el televisor. Izaskun fue la persona que tuvo la oportunidad de preguntarle, en Televisión Española, al presidente del Gobierno por la responsabilidad de quien incumple una norma: ¿Por qué no se contratan a más personas con discapacidad? ¿Por qué no se cumple la ley de 1982, la LISMI (la Ley de Integración Social del Minusválido, entonces y hoy todavía tiene esta denominación formal) que obliga a las empresas de más de 50 trabajadores a reservar un dos por ciento de sus puestos de trabajo para personas con discapacidad? ¿Por qué no se ayuda a las personas que como Izaskun tienen síndrome de Down? ¿Y al resto de personas que tienen otra discapacidad?

Tras su aparición en televisión, Izaskun vivió una semana repleta de entrevistas con los medios de comunicación, pero lo que estos deben tener en cuenta es que el asunto de la integración social de las personas con discapacidad no es una cuestión concreta de un día, sino una labor permanente, constante, y así se podría asumir porque hay muchas Izaskun: muchos administrativos, universitarios, empresarios que tienen una vida propia y de interés. Juan Manuel Montilla, "El Langui", ha recibido dos premios Goya de la Academia Española del Cine por su trabajo en la película "El truco del manco".

Montilla, líder del grupo de hip hop "La excepción", tiene parálisis cerebral y en el filme da vida a un buscavidas cuya discapacidad no le impide luchar por conseguir un estudio de grabación. "El Langui" recogió dos Goyas: uno a la Mejor canción original (por el tema "A tientas") y otro al Mejor actor revelación. El premiado denunció ante las cámaras, y así se pudo seguir por La Primera de TVE, la falta de accesibilidad del Palacio de Congresos y Exposiciones de Madrid, escenario de la gala: "Estas cosillas son las que le impiden a uno ser del todo autosuficiente". Necesitó ayuda para subir las escaleras y acceder al escenario. También hay una legislación que obliga a fomentar la accesibilidad de todos los edificios, pero todavía es una promesa no cumplida. Los medios pueden vigilar esta y otras obligaciones, pueden ser testigos de esas injusticias, puede servir a la sociedad y, al mismo tiempo, tener audiencia. La combinación no es fácil, pero está demostrado que es posible.

EL PODER DE LAS PALABRAS

"Las palabras están llenas de falsedad La mirada es el lenguaje del corazón", decía el gran maestro de la literatura mundial William Shakespeare. Las palabras determinan quiénes somos, cómo nos ven los demás, pero no siempre se utilizan de la manera más adecuada para cada momento, especialmente los términos relacionados con la discapacidad.

A lo largo de la historia ha habido diferentes menciones, pero no existe un reconocimiento expreso de esta situación hasta el siglo XIII, cuando Alfonso X el Sabio, en su partida número dos, título 25, determina las "erechas": satisfacción, compensación o enmienda del daño recibido en la guerra. Es la primera vez en nuestra cronología que se aprueba la indemnización a una persona discapacitada. Los militares que sufren lesiones o heridas ven de esta manera reconocidos sus derechos.

El propio Miguel de Cervantes, otra figura clave en la literatura y "mutilado de honor", en el capítulo 24 de "El Quijote" llamado "Mil zarandajas tan impertinentes como necesarias para esta historia", menciona en un momento de la conversación con un paje a "los soldados viejos y los estropeados", haciendo referencia a los lisiados de la época. De hecho, en los siguientes años, tuvieron diferentes denominaciones: mutilados, inválidos o inhábiles, grupos de personas que también tuvieron su papel protagonista y formaron grupos de resistencia en tiempos o momentos concretos como en la algarada de Carlos III o durante la invasión de las tropas napoleónicas.

Las referencias a los "estropeados" de las batallas irán avanzando con diferentes nombres hasta la actual denominación de personas con discapacidad. Otra guerra es la mención de aquellos que ni siquiera tenían el soporte estatal y vivían de la mendicidad y de la ayuda de la iglesia, como se relata en *El lazarillo de Tormes*. Pero esa es otra historia. Hoy, en el siglo XXI, se avanza poco a poco y de hecho nuestra Administración central acaba de comunicar su oferta de empleo público del 2009 para personas con discapacidad al aumentarla hasta el 7 por ciento, al incluir un 2 por ciento para la discapacidad intelectual, que se suma al 5 por ciento de reserva para la discapacidad física o sensorial que ya se venía aplicando en anteriores convocatorias El Estado intenta promover la igualdad de derechos, aunque algunos todavía sigan hablando de minusvalías, por eso "es mejor ser rey de tu silencio que esclavo de tus palabras", concluye Shakespeare.

EL LENGUAJE DE LOS *CHATS*

Alberto Hernando García-Cervigón
Universidad Rey Juan Carlos

INTRODUCCIÓN

El surgimiento de nuevas tecnologías de comunicación siempre ha llevado aparejada la incertidumbre ante el devenir. Recordemos, por ejemplo, que la creación de la imprenta fue considerada por la Iglesia como una invención de Satán por su tremenda fuerza difusora de propaganda impía, y que con la aparición del telégrafo hubo quien pensó que iba a fomentarse el crimen y a destruirse la familia (Lodares, 2002). La lengua en todo momento se ha comportado como un termómetro sensible a los cambios experimentados en la sociedad. Por ello, no le falta razón a D. Crystal cuando afirma que "resultaría verdaderamente muy sorprendente que un fenómeno tan radicalmente innovador no tuviera su correspondiente impacto en el modo de comunicarnos" (2002: 272).

LA UNIDAD LÉXICA *CHAT*

A pesar de hacer referencia a un tipo de comunicación muy extendido en la actualidad, la unidad léxica *chat* no se encuentra incluida en algunos diccionarios de uso de publicación más o menos reciente. Así, no se registra en la vigésima segunda edición del *DRAE* (2001), en el avance de la vigésima tercera ni en el *Diccionario del español actual* (1999), dirigido por M. Seco. Sí se recoge, en cambio, en el *Diccionario panhispánico de dudas* (2005), elaborado por la Real Academia Española en colaboración con la Asociación de Academias de la Lengua Española, donde se indica que es "voz tomada del inglés *chat* ('charla')" (2005: *s. v. chat*) y que "es anglicismo asentado y admisible[1], aunque se han propuesto sustitutos como *ciberhabla* o *ciberplática*" (2005: *s. v. chat*) [2].

También se incluye, entre otros, en el *Vocabulario de ordenadores y de la Internet* (2003), de J. A. Millán, en el que se señala que "*Chat* es la abreviatura de *chatter*" (2003: *s. v. chat*), que en nuestro sistema lingüístico puede ser traducida "como *charlar*, que según la Academia es 'Conversar, platicar sin objeto determinado y solo por mero pasatiempo'" (2003: *s. v. chat*) y que "en español se ha usado durante mucho tiempo directamente esta palabra ('Pasa las noches en el *chat*'), y ha dado lugar incluso a un verbo, *chatear*: 'He estado *chateando* con un australiano'" (2003: *s. v. chat*); y en el *Glosario básico inglés-español para usuarios de Internet* (2001), de R. Fernández Calvo, en el *Diccionario de uso del español de América y España* (2002), coordinado por J. Lahuerta Galán, en el *Nuevo diccionario de voces de uso actual* (2003), dirigido por M. Alvar Ezquerra, o en el *Diccionario CLAVE* (2006), dirigido por C. Maldonado González.

---

[1]   A. de Miguel se muestra partidario de la admisión de este neologismo. En su opinión, "Es claro que el sonido *cha* expresa muy bien la acción de intercambiar mensajes: *charlar, charlatán, charrar, cháchara, chafardear, chalanear, chamullar, chapurrear, chascarrillo*. En todas esas voces se adscribe un tono irónico, el que introduce la onomatopeya de *cha*. Inevitablemente también lo adquiere el *chateo* a través de la internet. Por ejemplo, los "visitantes" se hacen llamar con divertidos pseudónimos o *nicks*. Esa voz ni siquiera la recoge el Alvar. No los vamos a llamar "hipocorísticos", que sería lo suyo en romance" ("El chat", *Libertad Digital*, 28-II-2005).

[2]   Por supuesto, aparece registrado en el *Corpus de Referencia del Español Actual* (CREA) de la Real Academia Española (en 110 casos, en 79 documentos): "Lo del *chat* no le pareció del todo mal, pero cuando llegó la cuenta telefónica volvió a enfadarse" (*El País*, 1-IV-2004).

¿Qué información proporcionan estas obras lexicográficas sobre los rasgos del referente objeto de estudio? En el *Diccionario panhispánico de dudas* se indica que *chat* "significa 'conversación entre personas conectadas a Internet, mediante el intercambio de mensajes electrónicos' y, más frecuentemente, 'servicio que permite mantener este tipo de conversación'" (2005: *s. v. chat*)[3]. J. A. Millán explica que el verbo inglés *chatter*, del que procede, "significa (según el *Collins English Dictionary*) 'hablar de temas sin importancia, rápida o incesantemente')" (2003: *s. v. chat*). En el *Glosario básico inglés-español para usuarios de Internet*, *chat* es caracterizado como "comunicación simultánea entre dos o más personas a través de Internet. Hasta hace pocos años sólo era posible la 'conversación' escrita pero los avances tecnológicos permiten ya la conversación audio y vídeo" (2001: *s. v. chat*).

En el *Diccionario de uso del español de América y España* se describe como sigue: "Comunicación en tiempo real que se realiza entre varios usuarios cuyas computadoras están conectadas a una red, generalmente Internet; los usuarios escriben mensajes en su teclado, y el texto aparece automáticamente y al instante en el monitor de todos los participantes" (2002: *s. v. chat*). En el *Nuevo diccionario de voces de uso actual* es presentado como la "Comunicación interactiva en tiempo real de varias personas a través de sistemas electrónicos, o de ordenadores conectados en red" (2003: *s. v. chat*). Por su parte, para C. Maldonado González, constituye una "Charla o tertulia que mantienen varios usuarios en internet de forma simultánea" (2006: *s. v. chat*).

La unidad léxica *chat* es fuente de la que manan nuevas voces que circulan de forma incesante entre los usuarios de este

---

[3] Por lo que respecta a los caracteres morfológicos del término *chat*, en el *Diccionario panhispánico de dudas* se anota que "es voz masculina y su plural es *chats*: 'Los españoles se conectan a los *chats* una media de 6,3 días al mes' (*Teknokultura*, 3-VIII-2001)" (2005: *s. v. chat*). En el *Diccionario de uso del español de América y España* se indica, asimismo, que el plural de *chat* "es *chats*" (2002: *s. v. chat*).

moderno sistema de comunicación y de nuestra lengua, hasta el punto de que se está empezando a generar lo que podríamos denominar una *gramática del chat*. En este sentido, añadiendo al lexema categorialmente sustantivo *chat* los sufijos *-eo*, *-ero* y *-ear* obtenemos como resultado los derivados *chateo* (sustantivo), *chatero* (adjetivo) y *chatear* (verbal)[4]. El lexema *chat* sirve, asimismo, como primer elemento de los compuestos *chat-group* y *chat-room*. Como es lógico, estas creaciones neológicas no se registran en las obras lexicográficas en las que, como hemos visto, tampoco se incluye *chat* –si bien son definidas algunas de sus homónimas, que forman parte del caudal léxico del español desde hace no pocos años–, aunque forman parte de otras, como el *Nuevo diccionario de voces de uso actual*, que es el que mayor número contiene, y se da cuenta de algunas de ellas en el *Corpus de Referencia del Español Actual* (*CREA*) de la Real Academia Española.

Las formas empleadas con mayor frecuencia son *chatear* y *chateo*, por lo que, a continuación, nos centraremos en ellas. En el *Diccionario panhispánico de dudas* se explica que el uso del verbo derivado *chatear*, "'mantener una conversación mediante el intercambio de mensajes electrónicos'" (2005: *s. v. chat*), "está instalado" (2005: *s. v. chat*) en nuestra lengua. Sin embargo, en la vigésima segunda edición del *DRAE*, se registra con el significado de "beber chatos (II de vino)" (2001: *s. v. chatear*) –asociado también con el significado del sustantivo *chato* es definido en el *Diccionario del español actual*, dirigido por M. Seco ("Tomar chatos con los amigos en un establecimiento público" [1999: *s. v. chatear*]), donde no se registra *chat*– motivo por el que, en opinión de J. A. Millán, "hay quienes arremeten contra la forma españolizada y proponen que se utilice directa-

---

[4]   Los hablantes aprovechan las posibilidades que ofrece nuestro idioma y, en torno a *chat*, se originan ingeniosas asociaciones, como la que se oye con frecuencia en el programa *Hablar por hablar*, emitido en horario nocturno por la *Cadena SER*, en el que a los participantes en el *chat* que el programa pone a disposición de sus oyentes se les aplica la denominación de *chatines*, homónimo del derivado del adjetivo *chato*.

mente *charla*"(2003: *s. v.*), aunque *charlar* "tiene un significado muy general: 'He pasado la noche *charlando*' se puede referir a la conversación normal (presencial) o a una conversación telefónica. Sin embargo, 'He pasado la noche *chateando*' sería específico: 'charlando por Internet'"[5] (2003: *s. v.*).

Chateo, que no aparece en el *Diccionario panhispánico de dudas*, la Real Academia Española lo registra en la vigésima segunda edición del *DRAE* (2001), donde lo define como "acción y efecto de chatear"[6] (2001: *s. v.* chateo), o sea, de *beber chatos*, y en el *Corpus de Referencia del Español Actual* (*CREA*), con el significado asociado a *chat* y a *chato*. En el *Corpus de Referencia del Español Actual* (*CREA*) se encuentra en 19 casos en 11 documentos, en la mayor parte de ellos con el significado que la Real Academia Española le atribuye en la vigésima segunda edición del *DRAE* (2001), aunque también se encuentra alguno aislado relacionado con *chat*, como el siguiente: "Sin embargo, la comunicación no se produce en banda ancha, es decir visual, electrotáctil y auditiva, sino en banda estrecha, textual. Y en la cultura del chateo donde aparecen nuevas nociones de presencia, de erótica de pantalla" ([*CREA*], *Teknokultura*, 1-VIII-2001). M. Alvar Ezquerra define este sustantivo como "Acción de mantener varias personas una comunicación simultánea a través de un chat" (2003: *s. v. chateo*)[7].

---

[5] Según el *Diccionario de uso del español de América y España*, consiste en "participar en un chat" (2002: *s. v. chatear²*); para el *Nuevo diccionario de voces de uso actual*, "mantener varias personas una comunicación simultánea a través de un *chat*" (2003: *s. v. chatear*); y para el *CLAVE*: "Beber chatos de vino" (2006: *s. v. chatear*) y "Participar en un chat de internet" (2006: *s. v. chatear*). En el *Corpus de Referencia del Español Actual* (*CREA*), aparece registrado en 21 casos en 7 documentos: "Y por un plus de 25 dólares, pueden también chatear con ellos en directo" ([*CREA*], *La Razón*, 1-XII-2007).

[6] En el *Diccionario del español actual*, se define como "Acción de chatear" (1999: *s. v. chateo*).

[7] Las formas *chatero*, *chat-group* y *chat-room* en las obras lexicográficas consultadas solo aparecen con un significado relacionado con *chat* en el *Nuevo diccionario de voces de uso actual*, como "adj. Del chat" (2003: *s. v. chatero-ra*), como "grupo de personas que debaten a través de un chat" (2003: *s. v. chat-*

Teniendo en cuenta los rasgos contenidos en las definiciones de los diccionarios a los que nos acabamos de referir –que, como se ha tenido ocasión de comprobar, son parciales–, creemos conveniente formular otra que los englobe con el objeto de describir el referente del modo más fielmente posible. Así, pues, podemos afirmar que el *chat* es un tipo de comunicación –concretamente, una conversación, una charla (en este punto hay unanimidad)– que se establece entre varias personas (dos o más), en tiempo real (por tanto, es simultánea) –aunque en la conversación virtual esta sincronía es débil, a diferencia de lo que sucede en la conversación en presencia, que goza de un carácter sincrónico total, *pleno* (López Quero, 2003: 9)[8]–, mediante el intercambio de mensajes electrónicos a través de Internet, sin darse la co-presencia física de los interactantes, y que, en la actualidad, además de llevarse a cabo en un soporte escrito, puede ser auditiva y visual (en este caso nos encontramos ante los *chats* visuales o multimedia)[9].

---

group) y como "Espacio de debate en un chat" (2003: *s. v. chat-room*), respectivamente, y la primera de ellas, también en el *Diccionario CLAVE*: "Persona que participa en un chat de internet" (2006: *s. v. chatero*). Como sinónima de esta unidad léxica se registra *chateador*, de la que se dice que "Referido a una persona, que participa en un chat de internet" (2006: *s. v. chateador-ra*). En el *Corpus de Referencia del Español Actual* (CREA) no se registra ninguna de estas palabras, ni siquiera *chatero*, que, aunque no se incluye en el *Diccionario panhispánico de dudas*, tiene cabida en la vigésima segunda edición del *DRAE* (2001), si bien con un significado bastante alejado del de la nueva forma comunicativa que nos ocupa: "adj. despect. *Chile*. Funcionario auxiliar de un hospital dedicado a cuidar enfermos" (2001: *s. v. chatero*).

[8]   Si la conversación cara a cara se realiza en presencia de los interlocutores y en ella es posible la simultaneidad en la emisión de los enunciados, el *chat*, como advierte F. Yus, "está supeditado (en principio) a una rígida sucesión de mensajes mandados y recibidos [ ] en el momento de la interacción (en contra del *asincrónico* correo electrónico), el *chat* adolece de una sucesividad temporal y espacial en la producción/recepción del mensaje que merma sus posibilidades comunicativas" (2001: 91).

[9]   Otra variedad dentro de la tipología textual que nos ocupa es la de los denominados grupos *asíncronos* o con tiempo de demora en la conexión

La consideración de las interacciones del *chat* como conversaciones que se llevan a cabo en un soporte escrito (son *tecleadas*) lleva a replantearnos si la lengua oral y la lengua escrita han de ser concebidas como elementos de una oposición dicotómica o, si, por el contrario, debemos verlas como partes de un *contínuum*. En este sentido, como advierte J. J. de Bustos Tovar, "la oralidad presiona sobre la escritura e inversamente. Más aun [ ], la historia de los usos lingüísticos es el resultado de una tensión permanente entre oralidad y escrituridad, que es mutuamente enriquecedora" (1995: 18)[10]. Por ello, parece razonable ver la oralidad y la escritura como elementos de una gradación en cuyos extremos se situarían la escritura pura "(emisión, recepción y organización textual correspondiente a la máxima distancia comunicativa: transmisión gráfica)" (1997: 10) y la oralidad pura "(inmediatez comunicativa y transmisión oral)" (1997: 10), y en cuyas zonas intermedias existirían "situaciones más o menos híbridas en las que participan tanto elementos de la escritura como de la oralidad" (1997: 10). En una de estas situaciones híbridas que tienen lugar en las zonas intermedias podríamos situar las conversaciones de *chat*.

El análisis de la conversación virtual desmonta la vieja idea de que el código escrito presenta como rasgos propios el carácter reflexivo, formal, distante y, en ocasiones, encorsetado, frente a la espontaneidad, cercanía y menor formalidad del oral. El límite que tradicionalmente ha servido para marcar esta dicotomía parece haberse difuminado en los canales de conversación del *chat*, lo cual ha originado lo que J. Mayans, siguiendo a C. Geertz (1993), ha denominado "género confuso" (2002: 40). Pero este nuevo género, dadas sus características definitorias específicas, no ha de verse como un simple género "compuesto" (Mayans, 2002: 40) ni "secundario" (Mayans,

---

(Crystal, 2002: 155-177). Nosotros vamos a centrarnos ahora en las interacciones textuales que tienen lugar en tiempo real.

[10] Tales modalidades no presentan la misma distancia en todas las lenguas: sabemos, por ejemplo, que el chino oral y escrito presentan un grado de independencia bastante elevado (Sanmartín, 2007: 33).

2002: 40). Se trata de un género que no se crea *ex nihilo*, que, evidentemente, se nutre de las características de los precedentes, pero que no consiste simplemente en una expansión fusionadora de ambos. Como explica el propio J. Mayans, "al definir el género literario/narrativo/conversacional/social de los *chats*, las comparaciones con los registros habituales, el escrito y el oral, resultan provechosas. Pero no estamos hablando de un género que sea la fusión directa de ambos. Al contrario: consideramos que las características externas e internas del género *chat* nos empujan a considerarlo un género en sí mismo, que podemos analizar a la luz de los registros oral y escrito, pero que sólo podremos comprender si lo utilizamos durante un tiempo determinado. // Insistimos: el género *chat*, si se nos permite llamarlo así, no es un derivado de los anteriores. Por supuesto, toma de ellos casi todo, puesto que son estos el universo comunicacional que conocemos" (2002: 40-41).

Según D. Crystal, para quien los grupos de *chat* constituyen la situación comunicativa más alejada de la lengua escrita de cuantas tienen lugar en Internet, la conversación virtual no puede equipararse exactamente con el habla ni con la escritura, ni puede ser considerada como un mero agregado de los rasgos de la oralidad y la escritura, puesto que "hace cosas que ninguno de esos otros medios hacen" (2002: 62). A su juicio, "ha de verse como una nueva especie de comunicación" (2002: 62). Sus propiedades específicas, combinadas con otras asociadas al habla y la escritura, la convierten en "un genuino 'tercer medio'" (2002: 63). En opinión de este autor, la novedad del habla de la Red reside en su idiosincrasia, en que "es algo completamente nuevo" (2002: 273). De ello concluye que "nos enfrentamos a un medio nuevo que será mayor que cualquiera de sus antecesores" (2002: 276).

F. Yus, quien considera, asimismo, que nos encontramos ante una nueva forma comunicativa, desde una óptica similar, aplica al lenguaje del *chat* la denominación de "texto escrito oralizado" (2001: 139), compartida, entre otros autores, por S. López Quero (2003: 15). I. Azcona propone para esta forma comunicativa la denominación de "diálogo escrito" (2002), y L. Gómez Torrego, tras señalar que "un *chat* es una conversación que mantienen los participantes en una conferencia en línea para enviar mensajes escritos entre sí, en tiempo real; es decir, en una inmediatez temporal" (2001), puntualiza que "se trata, por consiguiente de un texto escrito oralizado, a medio camino entre el habla y la escritura" (2001).

Los usuarios del *chat* durante la interacción tienen la sensación de estar hablando, no de estar escribiendo. En la vida cotidiana, las personas de nuestro círculo más próximo nos comentan habitualmente que la noche anterior han estado *hablando* hasta altas horas de la madrugada, en lugar de *chateando* (Sanmartín, 2007: 36). Sin embargo, a pesar de ser un medio planificado sobre la marcha, en el *chat* no son frecuentes ciertos rasgos de la conversación, como los reinicios, las reelaboraciones, las paráfrasis o los paréntesis explicativos. Por otro lado, el *chat* es recibido por el interlocutor en bloque. Además, el ritmo de la interacción en este tipo de comunicación es menor que en la conversación oral en presencia, puesto que puede haber una demora (denominada *lag*) de dos o tres segundos, y se echa en falta la presencia de marcadores discursivos fáticos, indicadores de la reacción del destinatario.

LA COMUNICACIÓN NO VERBAL Y EL *CHAT*

Frente a la conversación cara a cara, la comunicación a través del *chat* presenta ciertas desventajas derivadas de la ausencia de la información contextual que proporcionan en aquella los signos de los sistemas de comunicación no verbal, kinésico (gestos, maneras y posturas), paralingüístico (cualidades no verbales de la voz [tono, timbre, cantidad, intensidad, etc.] y sus modificadores y emisiones independientes cuasiléxicas [onomatopeyas, interjecciones y algunas emisiones sonoras como resoplar o gemir], los indicadores sonoros de reacciones fisiológicas y emocionales [risa, llanto, bostezo, carraspeo, etc.], las pausas y los silencios), proxémico (uso y distribución que hacemos del espacio) y cronémico (estructuración del tiempo), a los que se podrían añadir los signos de sistemas físicos, químico (lágrimas y sudor), dérmico (sonrojo y palidez) y térmico (cambios de temperatura corporal) (Hall, 1966; Knapp, 1980; Poyatos, 1976, y 1994: 25-186).

Dentro del contexto global del proceso comunicativo del ser humano, las unidades léxicas poseen unas limitaciones semánticas que hacen que el verdadero sentido del mensaje verbal solo pueda ser interpretado plenamente teniendo en cuenta la información que proporcionan los signos de los sistemas de comunicación no verbales complementarios. Los elementos constitutivos de estos sistemas de comunicación pueden actuar, según los casos, simultánea o independientemente de la enunciación verbal vocal, y apoyar, rectificar, contradecir, e incluso sustituir, su contenido, así como el de los elementos de los otros sistemas de comunicación no verbal. Desde una perspectiva pragmática, la importancia de la comunicación no verbal reside, en esencia, en que en la mayor parte de las ocasiones no se produce de forma deliberada, sino inconsciente.

De los sistemas de comunicación no verbal mencionados, los que ofrecen mayores ventajas durante la interacción son el paralenguaje y la kinésica, los cuales, junto con el lenguaje verbal vocal, constituyen lo que F. Poyatos (1975 y 1994) ha denominado *estructura triple básica de la comunicación humana*. Los usuarios del *chat* tratan de compensar[11], en la medida de lo posible, lo verbal no vocal y lo visual con las posibilidades que ofrece el teclado del ordenador.

Los novedosos recursos tipográficos empleados para suplir la ausencia de los canales auditivo-vocal y visual obligan "a una cierta *ciber-alfabetización* de los usuarios en el manejo del teclado y su uso correcto o incorrecto hace manifiestos, de inmediato, supuestos referidos al dominio y a la experiencia del usuario en el *chat*" (Yus, 2001: 112), tienen un evidente

---

[11] Como apunta F. Yus (2001: 112) siguiendo a N. Watson (1996), la compensación tipográfica del *chat* es uno de los aspectos que confieren a esta forma comunicativa una importante carga de oralidad.

propósito lúdico (Yus, 2001: 114), y, como ya hemos apuntado, a diferencia de lo que sucede en la comunicación en presencia, se producen de manera deliberada.

Para suplir las cualidades de la voz, los usuarios del *chat* recurren a la reiteración de grafemas vocálicos y consonánticos y signos de puntuación, al empleo de mayúsculas, etc., y, para hacer lo propio con el canal visual, sobre todo, a los emoticonos. En opinión de F. Yus, "todo vale para comunicar la sensación de que el texto debería ser, en realidad, habla" (2001: 114).

Como hemos comentado anteriormente, las particularidades del medio y el especial contexto en que tienen lugar los intercambios comunicativos en el *chat* condicionan la creación del mensaje, sometido a restricciones espacio-temporales: es de carácter breve (en torno a un máximo de cuatro líneas) y elaborado rápidamente dada la necesidad de respuesta inmediata. Como es lógico, ello, tiene implicaciones ortográficas y morfosintácticas considerables.

LA ORTOGRAFÍA EN EL *CHAT*

Por lo que respecta a la ortografía en el *chat*, puede afirmarse que la transgresión de la norma, tan habitual en él, se ha convertido en su rasgo más característico. En ocasiones, como sucede con cualquier otro tipo de texto escrito, se advierten faltas de ortografía, fruto del desconocimiento del usuario del *chat* de las normas de nuestro código lingüístico. Pero, a veces, las transgresiones son el resultado de la extremada rapidez en el tecleo requerida en este tipo de comunicación[12]; y, en la mayoría de las circunstancias, parte del juego del lenguaje que el medio propicia y que en muchos casos responden a un deseo de reflejar fielmente la lengua oral: se intentan reproducir las

---

[12] En opinión de J. Sanmartín, "A la exigencia de rapidez también se suma un relajamiento en el proceso de codificación, derivado de la relación de proximidad entre los interlocutores y de su deseo de ruptura ortográfica, sobre todo en los usuarios más jóvenes" (2007: 57).

cualidades no verbales de la voz y fenómenos de fonética sintáctica, dialectal, sociolectal, coloquial, etc[13]. Entre los recursos ortográficos más abundantes en los *chats* destacan:

1º) Eliminación, por economía de espacio y, principalmente, de tiempo, de los grafemas vocálicos *a* (*c[a]ns[a]da*), *e* (*b[e]sos*) (en este caso, sobre todo, cuando el nombre de la letra a la que acompaña los incluye [*be, ce, de, pe, te*]) y *o: c[o]n*.

2º) Supresión, por idénticos motivos, de otros grafemas que no representan un fonema concreto, como *h: (h)ola*.

3º) Ausencia de ciertos signos ortográficos, como los de apertura de interrogación y admiración: *hola!*; *qué tal?*

4º) Supresión, en muchos casos, de otros signos ortográficos, como los de acentuación (*estaria*) y puntuación: puntos y comas.

5º) Uso reiterado de los signos de admiración cuando se quiere dar un marcado carácter exclamativo al enunciado: *¡¡¡Venid pronto!!!*

6º) Empleo de mayúsculas como sustitutos del grito: *¿CÓMO QUE NO?*

7º) Reiteración de uno o varios grafemas para tratar de reflejar en la escritura la duración que tendría en la oralidad la unidad léxica de que forman parte, recurso favorecido por la facilidad que proporcionan los teclados para escribir repetidamente la misma letra: *holaaaaaaaaaaaaaaa*[14]. Como advierte S. López Quero (2003: 21), la repetición de los grafemas *a* y *o*, además de suplir la ausencia de voz, sirve para modificar el grado de adjetivos y adverbios: *wapaaaaaaaaaaaaaa*; *simpáticooooooo*, que equivalen, respectivamente, a *muy guapa* o *gua-*

---

[13] *Cf.* F. Yus (2001: 142-145).

[14] En opinión de J. Sanmartín, la reiteración de letras o signos ortográficos son recursos intensificadores "que aumentan y realzan la fuerza de los actos ilocutivos, la actitud de agradecimiento, de presentación, y, a su vez, el contacto social y de proximidad, la empatía entre los participantes en el *chat*. Son estrategias al servicio de la cortesía y del tenor socializador" (2007: 62).

písima y *muy simpático* o *simpatiquísimo*, indicándose, de este modo, la cualidad de *guapa* y *simpático* en grado sumo[15].

8º) Reiteración de la misma palabra, fenómeno directamente vinculado con el anterior: *hola hola hola!!!*

9º) Inclusión de onomatopeyas, como *hmmmmmmmmmmmm*; *snif, snif, snif...* (llanto); *jejejeje, jijiji, juas, juassssssss* (distintos grados de risas).

10º) Representación de la preposición *por* mediante la grafía *x* (*xfa* 'por fa'), de *para* por *xa*[16] (*xa* 'para'), de *porque* por *xq* (*xq* 'porque') y, con menor frecuencia, de la sílaba *gu* por *w* (*wapa*), de *bu* por *w* (*wenas*) para tratar de reproducir una realización velar, del dígrafo *ch* por *x* (*noxes*), para intentar reflejar una realización fricativa, o *sh* (*musho*), y de *que* por *k*: *aunk*[17].

11º) Eliminación de /-d-/ (*joer*), sobre todo en los participios: *tenío*.

12º) Eliminación de determinados elementos por una cuestión de fonética sintáctica: *deso*.

13º) Apócope o eliminación de sonidos en final de palabra: *na[da]*[18].

14º) Aféresis o supresión de las sílabas iniciales de las palabras: *nas* por *buenas*; *ta* por *hasta*: *talueguito*[19].

15º) Reproducción en la escritura de ciertos rasgos dialectales, sobre todo el seseo (*sielo*), el ceceo (*me cazo en junio*), la

---

[15] Ante este hecho, S. López Quero se pregunta si nos encontramos ante un nuevo morfema de grado específico de esta modalidad textual (2003: 21). Lo cierto es que parece que podríamos hablar de un procedimiento que sirve para suplir los morfemas empleados tradicionalmente para la expresión del grado superlativo de adjetivos y adverbios en la lengua estándar.

[16] Como se ve, en casos como estos estamos ante auténticas abreviaturas.

[17] La representación de *que* por *k* se extiende al grafema *c*, produciéndose, de este modo, el empleo unificado de tales grafemas, que representan un solo fonema (*Mili KK*); lo mismo sucede con *i* e *y*, que los encontramos reproducidos como *i* (*estoi*) (Sanmartín, 2007: 53).

[18] *Cf.* J. Sanmartín (2007: 57).

[19] Para J. Sanmartín, este es "el fenómeno fonético más singular en el *chat*" (2007: 58).

aspiración (*hefe*), la supresión de líquidas, laterales (*Manue*) y vibrantes (*po favo*) o la sustitución de la lateral por la vibrante en posición implosiva silábica: *er equipo*.

16º) Reproducción reducida de las palabras en la escritura simulando su realización coloquial en la cadena hablada: *l'amiga d'Antonio*.

17º) Reproducción de unidades léxicas, sobre todo procedentes de otras lenguas, en la escritura tal y como se pronuncian: *imeil*, en vez de *e-mail*.

18º) Combinación en algunas palabras de mayúsculas y minúsculas (*SALUDos*, fórmula de despedida con la que se saluda y desea salud al receptor), letras y números (*es3*) o solo símbolos matemáticos: *me da =*.

19º) Adición de grafías en determinadas palabras[20]: *sip*; *nop*, en vez de *sí* y *no*.

20º) La combinación de signos ortográficos para crear emoticones, diseños que tratan de representar la cara de una persona, y, así, reflejar el estado de ánimo de quien escribe o la actitud desde la que hay que interpretar su mensaje: *:-))*.

LA MORFOSINTAXIS EN EL *CHAT*

El hecho de desarrollarse la interacción en el *chat* en un medio particular, con unas condiciones comunicativas especiales, y de tratar de ser reflejo de la conversación oral hace que en él se adviertan determinados aspectos gramaticales de la conversación informal.

En este sentido, se observa un predominio de las funciones apelativa y expresiva y de ciertos rasgos relacionados con ellas, como vocativos (*Camaleón, yo vivo en Cádiz*), imperativos (*vete por ahí*), interrogaciones (*¿alguna chica de Madrid?*) o interjecciones: *¡ay!*

---

[20] En opinión de J. Sanmartín, este recurso está motivado por un claro afán "de innovación y juego" (2007: 56), puesto que "a mayor originalidad e ingenio del internauta más posibilidades de que alguien quiera relacionarse con él" (2007: 56).

Dada la rapidez que exige el medio y la intervención constante del resto de los interlocutores, nos encontramos ante una sintaxis elíptica, "distorsionada o fragmentada y poco elaborada" (Gómez Torrego, 2001).

Las estructuras oracionales predominantes son las simples, casi siempre breves, (*estoy ahí en un rato*) y las compuestas, normalmente por coordinación, sobre todo copulativa y disyuntiva: *estoy de acuerdo, pero no voy a ir*; las complejas son bastante menos frecuentes[21] (*si pones una foto actual, a lo mejor me animo*), por lo que el subjuntivo es poco empleado.

El tiempo verbal más utilizado, con diferencia, es el presente de indicativo (las circunstancias comunicativas obligan a ello), que se convierte en el punto de referencia cronológico en torno al que gira el universo del enunciado: *me das una pena...* Por ello, destaca el uso de adverbios y locuciones adverbiales relacionados con el momento actual, como *ahora, en este momento*, etc.

Por el carácter conversacional (dialógico) del *chat*, en él son constantes las referencias al *yo* (emisor) (*pues yo tengo un caballo*) y al *tú* (receptor): *pues anda que tú*. Las formas verbales y pronominales más frecuentes son, por tanto, las de primera y de segunda persona (*he dicho que no; no te preocupes*), y los deícticos que guardan relación con ellos: *este y ese; aquí y ahí*[22].

Habitualmente se advierte el fenómeno de la elipsis verbal (*¿algún madrileño para salir?*) y de otros elementos como las preposiciones: *eso no macuerdo tio*.

No son extraños tampoco los marcadores del discurso, habituales en las conversaciones coloquiales: *Oye, no la tomes conmigo*.

---

[21] En el *chat*, las conjunciones subordinantes se reducen prácticamente a *que* y *si* (Gómez Torrego, 2001).

[22] Los deícticos espaciales son muy abundantes en el *chat* debido a la no co-presencia física de los interlocutores durante el proceso comunicativo.

Con frecuencia se detecta la presencia de los sufijos diminutivos -*ito*, -*ita* (*hace varios añitos*) e -*illo*, -*illa* (*chiquilla*), cargados de un valor esencialmente afectivo[23].

Además del empleo de diminutivos, el tratamiento de *tú* y otras fórmulas, como *tío* o *tía* (*¿Qué dices, tío?*), manifiesta la relación de proximidad entre los interlocutores (Sanmartín, 2007: 76).

ASPECTOS LÉXICO-SEMÁNTICOS DEL *CHAT*

En el *chat*, al circunscribirnos al ámbito de las nuevas tecnologías y hacer referencia a diversos aspectos relacionados con esta nueva realidad comunicativa, son abundantes los términos procedentes de otras lenguas, sobre todo el inglés. Los de esta última son empleados como "notas de modernidad" (Sanmartín, 2007: 64) o "esnobismo lingüístico" (Sanmartín, 2007: 64).

Es frecuente encontrar voces de idiomas nacionales o extranjeros en fórmulas de saludo (*Hello*) y despedida: *adeu*. Ciertos anglicismos asumen una función argótica: *hot-line*. En sintonía con este deseo de juego verbal se crean neologismos mediante el empleo de prefijos (o prefijoides) como *ciber-*: *cibersexo*.

Como sucede en la lengua general, es habitual el recurso al acortamiento en unidades léxicas como *finde* o *profe*. A veces, llega a adicionarse un alomorfo de género femenino para crear voces: *mujera* (Sanmartín, 2007: 64).

Además, en este entorno, con cierta asiduidad se crean neologismos por la vía de la metáfora. Las más conocidas son las que conciben Internet como un lugar geográfico, marítimo o aéreo, a través del cual los internautas navegan por el ciberespacio: *entran*, *salen*, *navegan*, *bucean*, etc.

---

[23] En opinión de S. López Quero, "la afectividad que expresa el diminutivo es un acto de habla ilocutivo, de gran fuerza pragmática, con la que el interactante quiere influir en el comportamiento del otro" (2003: 38).

Por último, en relación con la juventud biológica o de espíritu de los usuarios, la presencia de voces propias del argot juvenil (*guay, pirarse*) o prefijos como *super-* (*superbueno*), tiñen con unas pinceladas diastráticas el *chat*.

CONCLUSIONES

Del análisis realizado en las páginas precedentes sobre el tratamiento de la lengua en los *chats* se desprende que la unidad léxica con la que se alude a esta realidad comunicativa tan empleada en nuestros días no se halla registrada en algunos diccionarios del español actual, como la vigésima segunda edición del *DRAE* (2001), el avance de la vigésima tercera o el *Diccionario del español actual* (1999), dirigido por M. Seco. Teniendo en cuenta que a partir de este término se forman derivados (*chateo, chatero* o *chatear*) y compuestos (*chat-group* y *chat-room*), puede afirmarse que nos hallamos ante una *gramática del chat*. Tales neologismos no se incluyen en los tratados lexicográficos en los que no se registra la voz *chat*, si bien aparecen en otros, como el *Nuevo diccionario de voces de uso actual*, el que mayor número contiene.

Dado que las interacciones del *chat* constituyen textos escritos oralizados, pensamos que, frente a la concepción dicotómica que tradicionalmente separaba oralidad y escritura, este par se presenta como la base de una gradación en cuyos polos podrían ubicarse la escritura pura y la oralidad pura y en cuyas zonas intermedias existirían situaciones en las que se combinan elementos de la oralidad y la escritura, como es el caso de las conversaciones de *chat*. Este, sin duda, es un género nuevo que no ha de ser considerado como secundario ni compuesto, pues, aunque se nutre de las características de los ya existentes, no es el resultado de su simple fusión, sino que posee características definitorias específicas.

En los intercambios comunicativos del *chat*, frente a los que se llevan a cabo en presencia, se observan determinadas desventajas como consecuencia de la ausencia de la información contextual que proporcionan en esta los signos de los sistemas de comunicación no verbal kinésico, paralingüístico, proxémico, cronémico y los signos de sistemas físicos. Gracias a los novedosos recursos tipográficos que proporciona el teclado del ordenador, en el *chat* puede suplirse la ausencia de los canales auditivo-vocal (mediante la reiteración de grafemas vocálicos y consonánticos y signos de puntuación o el uso de mayúsculas) y visual (sobre todo, con el empleo de los emoticones).

Al circunscribirnos al ámbito de las nuevas tecnologías y encontrarnos con restricciones espacio-temporales, en el *chat* se observan peculiaridades ortográficas, morfosintácticas y léxico-semánticas. Desde el punto de vista ortográfico, la transgresión de la norma, por un afán lúdico, por desconocimiento de nuestro sistema lingüístico, por un intento de reproducir las cualidades no verbales de la voz o por determinados fenómenos de fonética sintáctica, dialectal, sociolectal o coloquial, se ha convertido en su nota más característica.

Desde la perspectiva morfosintáctica, son frecuentes ciertas tendencias de la conversación informal, como el predominio de las funciones apelativa y expresiva, una sintaxis elíptica, distorsionada o fragmentada y poco elaborada, la presencia de estructuras oracionales simples, del presente de indicativo, de referencias constantes al *yo* y al *tú*, de formas verbales y pronominales de primera y segunda persona, del fenómeno de la elipsis verbal, de marcadores del discurso, de sufijos diminutivos o el tratamiento *tú* u otras del tipo de *tío* o *tía*.

Por lo que respecta al plano léxico-semántico, abundan los préstamos de otras lenguas (nacionales o extranjeras), principalmente del inglés, empleados, sobre todo los de esta, como notas de modernidad o esnobismo lingüístico. Como en la lengua general, es habitual el recurso al acortamiento en unidades léxicas y se crean neologismos por la vía de la metáfora. Asimismo, la presencia de voces propias del argot juvenil o ciertos prefijos como *super-* tiñen con unas pinceladas diastráticas el *chat*.

BIBLIOGRAFÍA

AGUILAR ESPAÑA, D. et. al. (2002): *Diccionario de uso del español de América y España*, Barcelona, Vox.

ALVAR EZQUERRA, M. (dir.) (2003): *Nuevo diccionario de voces de uso actual*, Madrid, Arco/Libros.

AZCONA, I. (2000): "Charlas cibernéticas", *El Semanal, XXI*, n° 6, Suplemento de *El País*, 12-11-2000, pp. 42-43.

BUSTOS TOVAR, J. J. de (1995): "De la oralidad a la escritura". En L. Cortés Rodríguez (ed.), *El español coloquial. Actas del I Simposio sobre análisis del discurso oral* (Almería, 23-25 de noviembre de 1994), Universidad de Almería, pp. 9-28.

BUSTOS TOVAR, J. J. de (1997): "Organización textual y oralidad", *Quaderns de filología. Estudis lingüístics*, 2, pp. 7-24.

CRYSTAL, D. (2002): *El lenguaje e Internet*, Madrid, Cambridge University Press.

FERNÁNDEZ CALVO, R. (2001): *Glosario básico inglés-español para usuarios de Internet. Con vocabulario español-inglés*, 4.ª ed., Barcelona, ATI.

GÓMEZ TORREGO, L. (2001): "La Gramática en Internet". http://congresosdelalengua.es

HALL, E. T. (1966): *The Hidden Dimension*, Garden City, Doubleday and Company, Inc.

KNAPP, M. L. (1980): *Essentials of Nonverbal Communication*, New York, Renehart & Winston.

LAHUERTA GALÁN, J. (coord.) (2002): *Diccionario de uso del español de América y España*, Barcelona, Spes.

LODARES, J. R. (2002): "El lenguaje e Internet", *El Cultural* de *El Mundo*, 3-7-2002.

LÓPEZ QUERO, S. (2003): *El lenguaje de los chats*, Granada, Ediciones Port-Royal.

MALDONADO GONZÁLEZ, C. (dir.) (2006): *Clave. Diccionario de uso del español actual*. Prólogo, Gabriel García Márquez; proyecto editorial y dirección, Concepción Maldonado González; coordinación editorial, Nieves Almarza Acedo, Madrid, SM.

MAYANS I PLANELLS, J. (2002): *Género chat o Cómo la etnografía puso un pie en el ciberespacio*, Barcelona, Gedisa.

MILLÁN, J. A. (2003): *Vocabulario de ordenadores y de Internet*.

http://www.jamillan.com

POYATOS, F. (1976): *Man Beyond Words: Theory and Methology of Nonverbal Communication*, New York State English Council.

POYATOS, F. (1994): *La comunicación no verbal*, Madrid, Istmo.

REAL ACADEMIA ESPAÑOLA (2001): *Diccionario de la lengua española*, 22.ª ed., Madrid, Espasa Calpe.

REAL ACADEMIA ESPAÑOLA: *Corpus de referencia del español actual (CREA)*.

http://www.rae.es

REAL ACADEMIA ESPAÑOLA Y ASOCIACIÓN DE ACADEMIAS DE LA LENGUA ESPAÑOLA (2005): *Diccionario panhispánico de dudas*, Madrid, Santillana.

SANMARTÍN SÁEZ, J. (2007): *El Chat. La conversación tecnológica*, Madrid, Arco/Libros.

SÁNCHEZ, A. (dir. y ed.) (2001): *Gran diccionario de uso del español actual*, Alcobendas-Madrid, SGEL.

SECO, M. (dir.) (1999): *Diccionario del español actual*, Madrid, Aguilar.

YUS, F. (2001): *Ciberpragmática*, Barcelona, Ariel.

ANÁLISIS LINGÜÍSTICO DE LOS TITULARES DE PRENSA EN INTERNET

CARLOS OLIVA MARAÑÓN
Universidad Rey Juan Carlos

1. INTRODUCCIÓN

Hoy, los progresos en las denominadas Tecnologías de la Información, que abarcan los equipos y aplicaciones informáticas y las telecomunicaciones, están teniendo un gran efecto. De hecho, se dice que estamos en un nuevo tipo de sociedad llamada *Sociedad de la Información* o *Sociedad del Conocimiento*, que viene a reemplazar a los dos modelos socioeconómicos precedentes: la sociedad agraria y la sociedad industrial.

Las Nuevas Tecnologías han llevado consigo un cambio espectacular y drástico en todas las empresas. En los últimos años cabe destacar el medio Internet como el elemento revolucionario, seguido de la telefonía móvil. Internet se ha hecho imprescindible en cualquier empresa, con independencia de su tamaño, y tal ha sido su influencia, que, también, la mayor parte de los hogares españoles lo utiliza constantemente.

Así, el auge de las telecomunicaciones ha producido una transformación de las tecnologías de la información y de la comunicación, cuyo impacto ha afectado a todos los sectores de la economía y de la sociedad. También, Internet está disponible en muchos lugares públicos tales como bibliotecas, hoteles, ciber-cafés, etc. Una nueva forma de acceder sin necesidad de un puesto fijo son las redes inalámbricas, hoy presentes en aeropuertos, universidades, subterráneos o poblaciones enteras.

Como no podía ser menos, nuestra prensa está estrechamente ligada a este formato. Hoy ya no hay excusa para no estar informado: la Red nos ofrece la posibilidad de acceder a la versión electrónica de los periódicos a golpe de "clic". Hace ya más de treinta años que el periodista francés Robert Escarpit acuñó la expresión "el papel fundamental del Periodismo es difundir informaciones, y, como consecuencia, la calidad del lenguaje periodístico tiene que ser su eficacia informativa" (Escarpit, 2001).

2. EL LENGUAJE PERIODÍSTICO

En primer lugar, hay que tener en cuenta la clase de lenguaje que se emplea en el periodismo. La prensa se expresa a través de un lenguaje escrito, de trazos fijos, cuya finalidad es la producción de textos. La escritura, que hace casi un siglo era prácticamente el único medio de difusión de la información, ahora, no es más que uno entre muchos, y los distintos lenguajes periodísticos tienen una infinidad de formas.

Así, la escritura es la codificación de la palabra en un código de trazos. Esa codificación permite pasar del canal acústico al canal óptico, con lo que se puede afirmar que la escritura es un sistema de grabación de las palabras. En este sentido, al contrario de la grabación mecánica, la codificación de la palabra por la escritura no tiene ni mucha fidelidad ni mucha fiabilidad, y su rendimiento depende de los idiomas. Por ejemplo, en el caso del castellano, la codificación escriptural es casi perfecta, mientras que en inglés, el código es polisémico. De esta forma, podemos afirmar que la primera función de la escritura es reproducir un discurso, lo que se ha denominado la función discursiva de la escritura.

Por tanto, un periodista que escribe en un periódico es, ante todo, un locutor diferido que se dirige a una audiencia ausente. Su lenguaje, entonces, tiene que presentar una de las características de la conversación directa, lo que se puede también expresar diciendo que existe una Retórica periodística. Por ello, una consecuencia es que el periodista tiene la responsabilidad básica de toda persona que hace uso de la Retórica: el poder de la manipulación. Ese poder lo tiene aún más y con más impunidad, ya que no se trata de una conversación, sino de un monólogo. Así, un oyente siempre puede reaccionar, aunque sólo sea con su mirada o su actitud. Los lectores no disponen de otro canal de contestación que el correo o a veces del teléfono, y todos conocemos la ínfima capacidad de esos canales.

Además, la escritura es una memoria informática, es decir, un dispositivo material que permite fijar y después recuperar un sinnúmero de informaciones que la naturaleza efímera del discurso oral dejaría escapar. En este sentido, un periódico es una memoria cuyo contenido se puede analizar aislando los datos más pertinentes, seleccionándolos y combinándolos.

Por tanto, se lee el periódico como se explora una memoria, buscando lo que tiene alguna pertinencia con las preocupaciones del lector. Por consiguiente, el lenguaje periodístico tiene otra exigencia además de la retórica ya señalada: la eficacia informativa. Esto supone que sea lo menos redundante posible, y que sea compatible con las preocupaciones del lector, que se adelante a sus preguntas.

De esta forma, el lenguaje periodístico, aparte de la responsabilidad de manipulación retórica, tiene una responsabilidad específica de la escritura en el más alto grado: abastecer al público de la materia prima de la información. En su mayor parte, los títulos periodísticos son informativos y, si se encuentran bien hechos, constituyen un resumen de lo que hay más nuevo y pertinente en la información. Hay que insistir en la pertinencia: es natural que se subraye lo inesperado del aporte de información de la noticia, pero su valor informativo depende también de la implicación del lector en el acontecimiento.

Así, la responsabilidad del periodista se ejerce no sólo en su manera de expresar sus experiencias y sus opiniones, sino también en su grado de participación en ese complejo proceso que va desde la caza de las noticias hasta su difusión. Por tanto, no sabremos cuál es exactamente la responsabilidad del periodista en su lenguaje hasta que sepamos quién controla el periódico. Esto implica que el lenguaje periodístico vale lo que vale el periodismo en un lugar y en un momento histórico dado.

En relación con el lenguaje periodístico, hay que reseñar que entre los objetivos de un periodista figura la consecución de un "buen titular". Además, aunque el titular procede de la prensa escrita, no es exclusivo de ella. Actualmente, los medios audiovisuales reproducen en sus noticiarios el formato de la prensa escrita, introduciendo titulares al comienzo de los boletines informativos. Igualmente, todos los medios elaboran las llamadas "Revistas de prensa", basándose únicamente en los titulares. El titular se configura así como un elemento "poderoso", capaz de definir por sí mismo la tendencia ideológica de un medio de comunicación.

También, la Red facilita el acceso gratuito únicamente a los titulares, no al desarrollo de la noticia. Si consideramos el gran porcentaje de personas que se limita a hojear el periódico o lo que es lo mismo, a la lectura de titulares, hemos de afirmar que su poder reside también en su capacidad de informar e influir de manera autónoma.

A veces, el periodista literariza su estilo, no tanto por lucirse como por obedecer a los sinceros movimientos de su ánimo. Sin embargo, la comunicación periodística y la literaria constituyen dos procesos bien diferenciados en todas sus funciones; siguiendo a Fernando Lázaro Carreter, se pueden establecer los puntos de oposición que a continuación se especifican (1977: 11-12):

   a) Al escritor no le urgen necesidades prácticas inmediatas, mientras que en el caso del periodista, éstas son acuciantes.

   b) El escritor se dirige a un receptor universal, sin rostro; el periodista, aunque el diario tenga una vasta audiencia, escribe para receptores bastante concretos, cuyo núcleo por lo común es fiel y poco variable.

   c) El mensaje literario actúa sin límites de espacio y de tiempo; el periodístico pierde eficacia y se desvanece fuera de las coordenadas espacio-temporales concretas que definen la actualidad.

d) Al lector de literatura, por regla general, no le guían necesidades utilitarias, en contra de lo que ocurre cuando se convierte en lector de prensa informativa.

e) A diferencia de lo que sucede con las obras literarias, que actúan en situación de lectura sumamente diversa para cada lector (como resultado de la falta de un contexto necesariamente compartido por el emisor y el receptor), el periodista y sus lectores viven en unas mismas circunstancias de espacio y de tiempo, reanudando todos los días el contacto comunicativo interrumpido el día anterior.

f) El periodista no puede desentenderse del desciframiento que se haga de su escrito, dado el carácter pragmático de sus mensajes, debiendo esforzarse por eliminar los llamados *ruidos* en Teoría de la Comunicación, elementos sumamente importantes para la existencia de la comunicación literaria.

g) El autor literario escribe con total independencia, siendo dueño absoluto de sus palabras; sin embargo, el periodista, que trabaja en equipo, ve mermada su libertad al colaborar solidariamente con otros compañeros para confeccionar el diario.

En ocasiones, el redactor emplea un estilo administrativo, que Lázaro Carreter caracteriza como "un lenguaje formal, cuyo rasgo más constante es el rechazo de palabras directamente inteligibles, buscando en cambio el tecnicismo, el extranjerismo, los calcos, los términos abstractos, los rodeos, los eufemismos, las voces misteriosas y solemnes y los estereotipos. Es el lenguaje oficial que todos conocemos, presente en los informes, notas y comunicados de la Administración" (1977: 22).

En este subcódigo no se habla, por ejemplo, de *problemas*, sino de *problemática;* ni de los *motivos* de algo, sino de *su filosofía.* Tampoco se dice "las elecciones *son* un medio para saber *qué piensa* el país", sino "las elecciones *constituyen* un medio para *auscultar* al país". No *se hacen* tales cosas, sino que *se realizan, verifican* o *efectúan.* Una medida no produce *efectos,* sino *repercusiones;* y el *momento* carece de prestigio frente a la *coyuntura.* La Bolsa no *baja* continuamente: mantiene una *evolución descendente;* de esta manera, las cotizaciones no *sufren pérdidas,* sino que *experimentan* o *se anotan deméritos.* Las medidas tampoco *se proyectan: se programan.*

La perífrasis es uno de los medios más constantes, y se manifiesta muy frecuentemente al preferir la construcción verbo + suplemento cuando hay un verbo que expresa lo mismo más llana y directamente: *proceder a una detención* por *detener, introducir modificaciones* por *modificar, realizar gestiones* por *gestionar, establecer alianzas* por *aliarse.* Perifrásticos son, igualmente, los sintagmas del tipo *mecánica ideal* por *procedimiento; reserva crítica* por *sospecha, reticencia o aprensión; a lo largo y a lo ancho de toda la geografía española* por *en toda España; en el transcurso de una conferencia de prensa* por *en una conferencia de prensa; disconformidad personal* por *desacuerdo; postulados políticos* de la oposición por *programas o ideas* de la oposición; *alcanzar entendimientos parciales* por *lograr algunos acuerdos,* etc.

3. LOS TITULARES: ESTUDIO DEL LÉXICO POR CAMPOS SEMÁNTICOS

Manuel Casado Velarde, en su estudio sobre *Diario Libre* (1978), pone de relieve la importancia del lenguaje en la corta vida que tuvo éste (cuarenta y cuatro números), destinado en un principio a "un lector no acostumbrado a leer periódicos" (el ama de casa, el obrero de las barriadas extremas de Madrid, personas de un nivel sociocultural bajo), pero que incorporó numerosos usos lingüísticos propios, más bien, de los sectores juveniles "pasotas". El aspecto de mayor interés es, sin duda, el del léxico específico, que se agrupa en torno a dos polos fundamentales, el de la vida social y el de la violencia, fuera de los cuales, aunque en convivencia con ellos, se encuentran otros, reunidos bajo los conceptos de dinero, trabajo, cualidades, sentimientos y vicios, y vida política.

Al ámbito de la vida social pertenecen sustantivos que designan diversos tipos de relaciones: *alterne, casorio, ligue, morreo, vacile*. Apelativos y denominaciones genéricas o específicas de personas: *chaval, chavea, elemento, fémina, jai, manú, moza, mozo, niño, parienta, personal, tío*. Voces relativas a cualidades, valoraciones positivas o negativas, mitos sociales o formas de vida: *bien, bombón, chanchi, chipén, demasié, despampanante, divo, estrellato, macarra, pasota, pera, pollo pera, resultón, rollista*. Objetos novedosos, modas y costumbres en boga: *baileteo, tocata, bólido, cubata, cháchara, cheli, despelote, destape, elepé, peinado afro, porno, punk, trapitos*. Verbos y locuciones como *desmadrarse, hacer manitas, montar el número, pasar(se), pasarlo bomba, pasarlo pipa, tirar los tejos, vacilar* (1996: 62).

En consonancia con la atención informativa dedicada por el periódico al tema de la violencia, el área semántica de esta realidad es, tal vez, la más frecuentada. Para la violencia física se emplean verbos y locuciones: *arrear, cargarse, cepillarse, chafar, encocorar, hacer la cusqui, largar, merendarse, pegársela;* sustantivos: *greña, lío, moratón, pelea, viaje* y los terminados en *-azo* con el significado de golpe: *avionazo, lapidazo, leñazo, relojazo*. La agresividad verbal, la mentira y el desaire están representados por verbos o locuciones del tipo de *dar el pego, encalomar, machacar, poner a caldo, poner tibio, tirarse el folio, tirarse los trastos;* la misma realidad se expresa mediante elementos nominales o adjetivos como *camelo, corte, corte de mangas, cuco, espabilado, fresca, meollo,* o con la locución adverbial *de extranjis* (2007: 47).

Además, el robo cuenta con términos como *alunizaje (robos por), birlar, guindar, guinde, guindón, levantar, limpiar, mangar, tirón, trabajo, volar*. El delincuente *(caco, chorizo, entalegado, gancho, panda, perista)* es apresado *(echar el guante, pescar, trincar)* por los responsables del orden público *(caimán, guindilla, maderos, monos, pasma, picos, picoletos, pitufos, verdes)* y recluido en la cárcel *(chirona, trena)* de donde puede fugarse *(darse el piro, largarse, pirarse)*. El mundo de la droga tiene sus reprensentantes léxicos en *drogadicción, droguero, fumar, fumeteo, hierba.*

El trabajo y la actividad en general y sus contrarios se expresan mediante los verbos o locuciones verbales *currar, currelar, ir de ala, ir de cráneo, ir de culo, no dar golpe, no dar ni clavo, (no) rascar bola,* y los sustantivos *curro* y *currante*. La actividad intelectual es designada por *parir,* y el efecto de esa acción puede ser un *bodrio,* una *chorrada,* un *engendro* o una *parida.* El dinero se conoce por los sustantivos *cuartos, parné, pasta, perras, tela;* la peseta es la *chirla, pela, púa, rubia;* un millón, un *kilo.* Con un buen *chollo* o *invento* uno puede *chupar, forrarse o ponerse las botas;* lo contrario es *aflojar, apoquinar; ponerse una cosa por las nubes* es *encarecerse mucho.* Denotan sentimientos de aversión, impaciencia o enfado: *cabrearse, cabreo, estar hasta el gorro, mala uva, mosquearse, no estar por la labor, pasarlas canutas, quemarse, repatearle* a uno algo, *subirse por las paredes, trinar* (2007: 46).

Además, el gusto por algo se encuentra representado por el verbo *pirrar(se).* A excepción de *manitas* habilidoso, los restantes vocablos alusivos a cualidades son de carácter peyorativo: *empollón, ido, jeta, macarra, majara, pirado, pupas. Cogorza* y *mona* designan la embriaguez; *pirujería* es sinónimo de *prostíbulo;* con *puterío* se señala genéricamente el vicio. El léxico político es escaso. *Bunqueriano* y *facha, retro* y *ultra* desacreditan vagamente a personas de ideología derechista. *Progre* y *rojeras* designan a los de ideología opuesta. Los verbos *barrer* y *copar,* así como los derivados *alcaldable* y *dedocrático,* aluden, con diversa connotación, a fenómenos y valoraciones de índole política. *Policía* y *presidente* se abrevian en *poli* y *presi*. Entre las expresiones más representativas de realce figuran: *ahí es nada, a lo bestia, a manta, de aquí te espero, de no te menees, friolera, hasta las cachas, la tira, lo suyo, ni el Tato, para parar un tren, por un tubo, que no veas* y *que te crió*.

La rapidez con que se ha de redactar la mayor parte de las noticias puede explicar, por otro lado, que aparezcan a veces formas incorrectas –aunque el uso impropio del lenguaje no tenga justificación alguna–, sobre todo en los derivados léxicos, como en "la *deteriorización* de la moneda" (por *deterioración* o *deterioro*), "*visionar* un partido" (por *ver*), "última hora *informacional*" (por *informativa*) o *espontaneísmo* (por *espontaneidad*).

Otras, por el inadecuado uso de los tiempos verbales, en especial del indefinido y el pretérito perfecto: "El presidente *inauguró* hoy el curso en la Escuela Superior del Ejército" (por *ha inaugurado*), "*han sido detenidos* ayer" (por *fueron detenidos*); partitivos por ordinales: "*catorceavo* congreso" (por *decimocuarto*); galicismos: "el *tiraje* de un libro" (por la *tirada*), "frenos *a disco*", "la consulta *a realizar*", y anglicismos directos: *pop, marketing, cross, spot* publicitario, *spray*, o calcos literales de formas léxicas inglesas: *rascacielos (skyscraper), portaaviones (airplanecarrier), guerra fría (cold war), telón de acero (iron curtain), lavado de cerebro (brainwash)*; el empleo de adjetivos en función sustantiva: "la *coordinadora*" (la [comisión] *coordinadora*), "la *gestora*" (la [comisión] *gestora*), etc.

4. LOS TITULARES: CLASIFICACIÓN Y EJEMPLOS

Además del estilo utilizado en la redacción informativa, la técnica de titulación influye también, en ocasiones decisivamente, en la orientación de los mensajes periodísticos. Los *titulares*, definidos por Emilio Alarcos Llorach como "los letreros con que se indica o se da a conocer el contenido, objeto o destino de un escrito impreso en los periódicos" (1977: 128), cumplen diversas funciones:

    a) Informar de un material lingüístico contiguo, la noticia, a la que identifican, jerarquizan y clasifican en relación con las restantes de la página e incluso del periódico entero.

    b) Proporcionar un resumen del contenido de la noticia.

    c) Apelar al lector y despertar en él el interés por la lectura de la noticia.

Desde el punto de vista de su relación semiológica con la noticia-texto y con la noticia-referencia, Alarcos los clasifica de este modo (1977: 137-140):

a) Por su amplitud, en *amplios y concentrados. Amplios:* "Una jornada electoral histórica: Aunque el total de concejales en España acusa mayoría de monárquicos, en Madrid, capitales de provincia y pueblos de importancia, triunfan los antidinásticos" *(Norte,* 4.IV.1931, citado por Alarcos); "Felipe González tiene libre la primera semana de julio para la crisis de Gobierno" (el primero es casi una noticia abreviada; el segundo, de la actualidad, aunque considerado amplio también, es mucho más breve). *Concentrados:* "Disturbios en Cisjordania"; "Manifestación en Malta".

b) Por su intencionalidad en captar lo esencial de la noticia, en *explícitos* (o *completos) e implícitos* (o *incompletos).* A su vez, dentro de los *explícitos* se pueden distinguir los *propios* (o *normales)* y los *figurados (o anormales).* Los *explícitos propios* concentran la noticia reduciéndola a lo que se considera esencial (prescindiendo de lo conocido por la situación): "El Tribunal Constitucional anula la condena contra un objetor por injurias a los jueces"; "Muere un soldado por disparo de un compañero en la prisión militar de Alcalá". Los *explícitos figurados* transfieren lo esencial de la noticia por medio de sinécdoques, metonimias, paradojas, etc.; al suprimirse en ellos las referencias a elementos de la noticia, el enunciado resulta más expresivo y chocante: "La energía solar, al alcance de la mano"; "Los 'cardenales del deporte' se reúnen en Atenas"; "Hoy, la marcha de parados". Los *implícitos* dejan sin especificar en la referencia que efectúan una incógnita más o menos amplia, sólo soluble con la lectura de la noticia (y no por los elementos de la situación): "Investigación desde el purgatorio"; "Reventadores de cabinas"; "Miseria planificada".

c) Por la actitud que adopta el redactor al formularlos y sus intenciones sobre el lector, en *objetivos y comprometidos,* según predomine la función referencial o la expresiva, respectivamente. *Objetivos* o *asépticos*: "La ciudad de Managua, capital de Nicaragua, destruida por un terremoto"; "Doce millones de turistas vendrán a España". *Comprometidos* o *subjetivos*: "Indignantes diferencias"; "4-3: muchos goles para un mal partido".

Por su parte, Álex Grijelmo distingue dos tipos de *titulares*: *el título-motor* (a) y *el título enunciativo* (b):

EJEMPLOS

a) *Las inundaciones en Sevilla causan pérdidas por valor de 300 millones.*

b) *Inundaciones en Sevilla.*

Según Álex Grijelmo, "los periódicos más rigurosos, cuya prioridad es la información, prefieren *el título-motor*, mientras que en los periódicos de tendencia popular, que combinan información y entretenimiento, abundan los *títulos enunciativos*. A éstos últimos, al tener menor número de palabras, se les puede aplicar una tipografía de mayor tamaño que dé más realce" (2001: 455).

El hecho de que los titulares sean una condensación de la noticia hace que muchos de ellos constituyan oraciones completas, cuyo análisis no ofrece diferencias con respecto al de los textos normales de la lengua. El interés lingüístico se concentrará, por tanto, en los que aporten alguna novedad en cuanto a la configuración de sus elementos. Desde este punto de vista se pueden destacar fundamentalmente los siguientes tipos:

a) En algunos se desgaja de la oración originaria un elemento nominal; por ejemplo, un sustantivo en función de aditamento, generalmente de contenido de lugar: *"Nueva York:* El presidente se reúne hoy con hombres de negocios norteamericanos"; *"Líbano:* Un coche bomba provoca muertos"; o el sujeto léxico de un verbo *dicendi* (que se elimina): *"Yáñez:* Ponernos bajo la protección de EEUU en el Golfo Pérsico es adecuado"; *"Matutes:* No preveo que tenga que ser candidato, aunque no lo descarto".

b) En otros, se elimina el núcleo verbal de la oración, mediante dos procedimientos. El primero, por simple *elipsis* del verbo, cuando éste es de casi nulo contenido léxico, como en el caso de *ser* y *estar:* "El Atlético, eliminado"; "Secretario de juzgado, expedientado por figurar en las listas"; o bien por ser el verbo elidido fácilmente identificable por los datos que ofrece el contexto: "[se dan] Facilidades para los franceses residentes en el extranjero"; "El paro de PNN, [entra] en fase final". El segundo, por efecto del llamado estilo nominal, en que el verbo es sustituido por un sustantivo del mismo contenido significativo y, generalmente, de *idéntico* lexema: "Asalto al Banco de Cataluña"; "Desvanecimiento de la soprano Grace Bumbry durante el estreno de Aida".

c) En determinadas circunstancias –muy frecuentes en América– adoptan la forma de redacción de un telegrama, con elipsis, tanto de elementos fácilmente identificables cuanto de otros de índole gramatical, como el artículo, y anteposición casi sistemática del verbo, factores que *perturban* la inteligibilidad del texto o, por lo menos, lo hacen ambiguo y equívoco: "Rechazan líderes negros plan de avenimiento inglés"; "Postergan consideración de un proyecto de ley".

d) Hay que resaltar el hecho de que las formas verbales que predominan son las de presente de indicativo, mientras que la noticia a continuación se relata en pasado: "Un grupo de empresarios vascos *introducen* bisontes americanos en una finca de Córdoba"; "Rafael Lapesa *denuncia* el plan de acoso al español en las Autonomías"; y el uso del condicional del rumor o de información no asegurada, calco del francés: "El presidente *viajaría* pronto a Argel"; "El gobierno *estaría* dispuesto a entablar negociaciones con ETA".

En este sentido, Álex Grijelmo, director de la Agencia EFE, afirma que "el objetivo de un titular es sintetizar la noticia en una frase corta que debe responder a tres criterios: claridad, brevedad y atractivo. Todo ello, sin sacrificar la corrección gramatical" (2001: 456).

Por su parte, en el *Libro de Estilo* de *El País* se afirma que "los titulares constituyen el principal elemento de una información y sirven para centrar la atención del lector". Su finalidad es clara: llamar la atención de los lectores y transmitirles lo más atractivo o lo más relevante de la información. "El titular ha de responder con fidelidad a la información y no establecer nunca conclusiones que no figuren en el texto" (1990: 43).

Otros autores como Jorques conciben el titular como "la plasmación lingüística de la operación cognitiva de la atención, gracias a su colocación tipográfica en la noticia" (2000: 95-96). La destacada posición que ocupa el titular, al comienzo y en la parte superior de la noticia, reportaje, etc. permite que se constituya como un elemento que controla la atención, la percepción y el proceso de lectura.

Además, los titulares están conscientemente dirigidos; son producidos para modificar el grado de conocimiento o ignorancia que sobre un determinado tema tiene el lector, es decir, responden a un determinado plan de lectura e interpretación. En ocasiones, una información no primordial o un tema secundario queda priorizado semánticamente a través de un titular. Por tanto, es el redactor quien, en última instancia, decide qué es lo más relevante o lo más atractivo de la información, dotando al titular de una inevitable dosis de subjetividad.

En este sentido, Van Dijk concibe la lectura como "un acto voluntario específico de decodificar e interpretar un texto dado" (1990: 203). El carácter voluntario de este acto (podemos comenzar y terminar de leer un texto cuando queramos) se conecta con la relevancia del titular dentro del proceso de comprensión lectora.

La lectura de titulares constituye por sí misma una estrategia de lectura, pues la interpretación que hagamos del titular lleva implícita la decisión de continuar o interrumpir la lectura del resto del texto periodístico. Pero, ¿cuál es la estructura de un titular? El título, también denominado cabeza, es la parte principal de un titular. Su extensión no debe exceder de trece palabras y debe contener la información más importante, en el caso de las noticias, o la más llamativa en el caso de textos no puramente informativos. El antetítulo y el subtítulo son elementos opcionales y complementarios del título, suelen tener más palabras que éste y aparecen diferenciados tipográficamente.

Cada uno de los elementos del titular consta de una sola oración con sentido pleno, pero sin relación sintáctica entre sí. De esta forma, el titular y el primer párrafo de la noticia, también llamado *LEAD*, tienen como objetivo satisfacer la curiosidad del lector e informarle del contenido de la noticia, sin que sea necesario acudir al resto de la información.

Con respecto a los rasgos estilísticos, a veces, en los titulares encontramos metáforas, paradojas, dobles sentidos, antítesis, hipérboles, juegos fonéticos, frases hechas, etc. Estos recursos son propios de los títulos creativos y menos informativos.

EJEMPLOS
- Arconada, *despedido* **(elipsis del verbo).**
  (*ABC* 22-12-2008).
- Compras seguras *a golpe de ratón* **(frase hecha).**
  (*ABC* 30-12-2008).
- Barenboin y el *mundo en danza* **(metáfora).**
  (*ABC* 2-1-2009).
- El Nottingham *sonroja* al City, y al Chelsea le sorprende un tercera. **(Metonimia). (Demasiado extenso).**
  (*ABC* 4-1-2009).
- "Hemos *bajado el voltaje* y es difícil hacer análisis del porqué". **(Préstamo del campo semántico, el de la electricidad).**
  (*ABC* 5-1-2009).
- El Movistar gana *por los pelos* una *final de infarto.* **(Metáforas lexicalizadas sin fuerza comunicativa).**
  (*ABC* 5-1-2009).

- El *camino de espinas* del DKV Juventud. (Metáfora lexicalizada sin fuerza comunicativa). (*ABC* 7-1-2009).
- Reyes *eclipsa a* Oleson y deja sin copa al *"Fuenla"*. **(Metáfora con Verbo transitivo). (Acortamiento de palabra).** (*ABC* 11-1-2009).
- Saura abrirá una *"eco-comisaría"* con placas solares que tapan la luz natural. **(Neologismo). (Muy largo).** (*ABC* 22-1-2009).
- Julio Médem *se aprieta el cinturón*. **(Metáfora sin fuerza comunicativa. Revela una falta de esfuerzo creativo del periodista).** (*ABC* 22-1-2009).
- *Este cuento se acabó*. **(Frase hecha). (Inadmisible como titular).** (*ABC* 22-1-2009).
- *Luz verde* para convertir los quioscos en *multitiendas*. **(Metáfora completamente desgastada por el uso periodístico).** *Multitiendas*. **(Neologismo aceptable).** (*ABC* 23-1-2009).

Dichos títulos son más apropiados para los reportajes, ya que al no tratar hechos inmediatos ni muy actuales como la noticia, proporcionan más posibilidades de creación e ingenio. Suelen ser más cortos (seis o siete palabras) e incluir ciertas dosis de humor.

Los siguientes títulos de *El País* constituyen ejemplos de los mencionados recursos:

- El Madrid recibe *un palizón* (*El País*, 4-5-03).
- El primer vuelo del *Bono-bus* (*El País*, 10-5-03).

Además, el buen estilo periodístico desaconseja titular con otros títulos, como los procedentes del cine o la literatura, ya que se considera un recurso demasiado fácil. Los ejemplos, no obstante, son abundantes. Para referirse a la quinta victoria

consecutiva de Lance Armstrong en el Tour de Francia, *El País* (27-VII-03) tituló:
- *Terminatour 5.*

5. CONCLUSIONES

Por consiguiente, muchos periodistas escriben ya en Internet, pero la mayoría de ellos sigue sin saber escribir para Internet. Esto sucede porque ignoran las posibilidades expresivas que el ciberespacio ha descubierto para el periodismo. Los hipertextos constan de diferentes lenguajes y el resultado final es el producto comunicativo que se inserta en la Red.

Además, no cabe duda de que vivimos en la cultura de los titulares. Hay quien vive intelectualmente de los titulares de prensa. En ellos bebe y de ellos se nutre. Nunca va más allá del impacto causado por las frases que abren los periódicos. Como se comprenderá, esto es muy peligroso. Porque los titulares no lo pueden explicar todo. Porque los titulares constituyen una forma peculiar de filtrar la realidad. Porque los titulares suelen escribirse para causar un golpe de efecto. Así, basta comparar, ante los mismos hechos, los titulares de periódicos de distinta ideología para darse cuenta de la arbitrariedad que, en muchas ocasiones, los inspira.

En este sentido, los titulares crean estado de opinión. Sin lugar a dudas, esto produce tres efectos: en primer lugar, se constata una simplificación abusiva del pensamiento; en segundo lugar, se produce una tergiversación de la realidad; y, en tercer lugar, se origina una dogmatización de las opiniones, ya que se crea la falsa expectativa de que los enunciados del titular constituyen verdades indiscutibles. Sin embargo, el efecto más dañino es la posibilidad de manipulación que tienen los titulares. Por tanto, es importante "saber leer" y, a través de la Red, "saber escribir" los titulares del medio digital para que se cumplan sus cuatro máximas: *hipertextualidad, multimedialidad, interactividad* y *temporalidad.*

BIBLIOGRAFÍA

ALARCOS, E. (1977). "El lenguaje de los titulares" en *Lenguaje en periodismo escrito*, Madrid: Fundación Juan March, pp. 125-148.

BRIZ, A. (1996). *El español coloquial: situación y uso*, Madrid: Arco/Libros, p. 62.

CASADO, M. (1978). *Lengua e ideología. Estudio de Diario Libre*, Pamplona: EUNSA.

EL PAÍS (1990). *Libro de estilo*. Madrid: Ediciones *El País*.

ESCARPIT, R. (2001). "Responsabilidad social del lenguaje periodístico", en *Lenguaje del periodismo escrito*, Madrid: Fundación Juan March, pp. 55-70.

GRIJELMO, Á. (2001). *El estilo del periodista*, Madrid: Taurus.

JORQUES, D. (2000). *Discurso e información. Estructura de la prensa escrita*, Universidad de Cádiz: Servicio de publicaciones.

LÁZARO, F. (1977). "El lenguaje periodístico entre el literario, el administrativo y el vulgar", en *Lenguaje en periodismo escrito*, Madrid: Fundación Juan March, pp. 9-32.

SARMIENTO, R. y VILCHES, F. (2007) (2.ª ed.). *Lengua Española y Comunicación*, Madrid: SGEL, pp. 46-47.

VAN DIJK, T.A. (1990). *La noticia como discurso: comprensión, estructura y producción de la información*, Barcelona: Paidós.

EL CAMINO DE DOS NEOLOGISMOS EN LA RED: *VIDA INDEPENDIENTE* Y *ACCESIBILIDAD*

RAQUEL PINILLA GÓMEZ
Universidad Rey Juan Carlos (Madrid)

"El reto más importante que debemos afrontar durante el siglo XXI es volver a la comunidad y saber que no podemos vivir aislados y que todos somos interdependientes."[1]

INTRODUCCIÓN

Hace unos meses, mantenía una charla con Fernando Vilches, secretario académico de estas jornadas, director del Departamento de Lengua Española, buen profesor y mejor amigo, en la que yo trataba de decidir el tema sobre el que versaría esta intervención; por aquel entonces, el profesor Vilches me recordaba la importancia que le da la Fundación Vodafone a la promoción y desarrollo de la vida independiente y la accesibilidad de las personas con discapacidad; así mismo, comentamos la importante labor que realiza la agencia Servimedia en el estudio sobre el tratamiento lingüístico de las noticias de índole social[2], y fue entonces cuando pensé que yo realmente no conocía bien las dimensiones de esos términos: "vida independiente" y "accesibilidad" que, con toda seguridad,

---

[1] I. Tremiño, Grupo Fundosa.

[2] La agencia SERVIMEDIA es una agencia de prensa especializada en la información social y (www.servimedia.es) publicó en el año 2006 el libro *Periodismo social. El compromiso de la información,* en el que, entre otros aspectos, se aborda el tratamiento lingüístico de las noticias de ámbito social.

desconocía muchos más en el entorno de la discapacidad -como la filosofía que implica la expresión "Diseño para todos o Diseño inclusivo"- y que, en definitiva, las jornadas me ofrecían una buena oportunidad para investigar sobre su significado y su trascendencia en nuestra sociedad.

Toda la bibliografía y las fuentes de información utilizadas para preparar este trabajo provienen de Internet, se han rastreado foros, blogs, webs institucionales, portales educativos, etc., para poder encontrar y seguir el camino de estos neologismos en la Red, pues Internet es hoy por hoy el principal medio de información y comunicación del que disponemos y "ha hecho posible que las personas con discapacidad no se quedan marginadas en la participación de la gestión y consumo del conocimiento". En este recorrido, no siempre ha sido fácil la navegación pues, incluso hasta en el último momento de la investigación, nos han afectado los cambios de las competencias ministeriales llevados a cabo en la última reestructuración del Gobierno de España[3], que han supuesto el traslado de las cuestiones de política social hasta el Ministerio de Sanidad (en anteriores legislaturas han sido competencia del Ministerio de Trabajo y Asuntos Sociales, y del Ministerio de Educación, Política Social y Deporte).

En cualquier caso, de lo que nos sentimos más orgullosos tras esta investigación no es de haber podido dar forma a una comunicación para unas jornadas universitarias, sino de haber abierto nuestros ojos a una realidad –y, por ende, a los conceptos y a los términos que se usan para hablar de esa reali-

---

[3]   Real Decreto 542/2009, de 7 de abril, por el que se reestructuran los departamentos ministeriales. Artículo 15. Ministerio de Sanidad y Política Social. 1. Corresponde al Ministerio de Sanidad y Política Social la política del Gobierno en materia de salud, de planificación y asistencia sanitaria y de consumo, así como el ejercicio de las competencias de la administración general del Estado para asegurar a los ciudadanos el derecho a la protección de la salud. Asimismo le corresponde la propuesta y ejecución de la política del Gobierno en materia de cohesión e inclusión social, de familias, de protección del menor y de atención a las personas dependientes o con discapacidad.

dad– que desconocíamos en gran medida, a la labor infatigable que las personas con discapacidad llevan a cabo para que se reconozcan sus derechos que son, no lo dudemos nunca, los mismos que los de las personas sin discapacidad, entre los que se encuentran el derecho a que se hable de ellos, de su realidad y de sus circunstancias de una manera digna, sin matices peyorativos en los términos que se usan, y este camino debe empezar precisamente en la concienciación de los profesionales de la comunicación. El buen uso que se haga de ellos redundará en el buen uso general de los hablantes, y contribuirá a derribar las barreras, en este caso la barreras lingüísticas –que no son más que el reflejo de una serie de prejuicios y de un desconocimiento–, tras las que a menudo aislamos a los que no encajan con nuestro paradigma de la "normalidad".

En este trabajo nos vamos a centrar básicamente en el concepto de "vida independiente", pero también tendremos oportunidad de analizar otros términos como "accesibilidad".

CUANDO VIDA INDEPENDIENTE NO SIGNIFICA "VOLAR DEL NIDO"

El sustantivo "vida" se puede combinar, entre otros, con los siguientes adjetivos, tal y como se nos muestra en el diccionario REDES[4] (Bosque -dir.-, 2004): "*vida* accidentada, aciaga, acomodada, agitada, agotadora, ajetreada, amarga, anodina, apacible, arrastrada, austera, azarosa, buena, cómoda, completa, complicada, comunal, contemplativa, corta, cotidiana, de perros, dichosa, difícil, dilatada, dura, efímera, en común, escasa, fácil, fantasmal, fecunda, fértil, frenética, fructífera, fulgurante, incómoda, intachable, itinerante, larga, llena (de), longeva, mala, monacal, pletórica (de), precaria, privada, rebosante (de),

---

[4]   REDES es un diccionario combinatorio, es decir, nos sirve para saber cómo se combinan las palabras y qué relación existe entre su significado y sus combinaciones. Los diccionarios tradicionales sólo nos informan de lo que significan las palabras, pero "para poder hablar y escribir correctamente necesitamos saber qué significan las palabras y cómo combinarlas".

retirada, saludable, sedentaria, tormentosa, tortuosa, tranquila, trepidante, triste, turbulenta, vana y vertiginosa". No deja de resultar curioso que el adjetivo "independiente" no aparezca en esta lista, pero nosotros lo incluimos ya que nos disponemos a analizar precisamente esa combinación: "vida independiente".

¿Por qué hablamos de "vida independiente" como un neologismo? Ni el sustantivo "vida" ni el adjetivo "independiente" son términos nuevos e incluso su solidaridad semántica, es decir, su combinación léxico-semántica en esta expresión, es ampliamente conocida y extendida: "vida independiente" es la que busca una persona, especialmente joven, cuando quiere ser dueño de su propia vida, en su propia casa y con su propio dinero; en este sentido la independencia suele ser, básicamente, de los padres: expresiones como "por fin me he independizado" o "ya he conseguido ser independiente" son una clara muestra de este valor, de este significado: ese "volar del nido" al que nos referimos en el título de este epígrafe.

Pero esta no es la "vida independiente" de la que hablamos aquí. El concepto de "vida independiente", como un neologismo semántico[5] -lo que el tristemente desaparecido profesor Lodares denominaba castizamente "echar vino nuevo en cubas viejas"-, "alude, en el contexto del estudio de la diversidad funcional (discapacidad) a la autogestión de todos los aspectos de la vida de las personas con dependencia de ayudas externas" (Wikipedia), por tanto, este concepto supone un neologismo en tanto que tiene su propia identidad semántica en un ámbito muy concreto y supera las barreras del lenguaje estándar para entrar en un lenguaje de especialidad, es más, el concepto de "vida independiente", como veremos a continuación, es el punto de partida de toda una cultura y filosofía de vida.

---

[5]   "Consiste la neología semántica en aumentar el contenido de la palabra sin variar su forma. Esto es, cualquier acepción o uso nuevos que se añadan a los que por lo común caracterizaban una palabra son, con las matizaciones que puedan hacerse en cada caso, un ejemplo de neologismo semántico" (Lodares, 1999: 117).

Si volvemos la vista al origen del término "dependencia", descubriremos en el Diccionario académico algo que seguramente ya todos intuimos: "dependencia" (de *dependiente*), en su primera acepción, se define como "subordinación a un poder mayor"; si en esa cadena buscamos "dependiente", se nos informa de que su significado es "que depende", y que se trata del antiguo participio activo de "depender", que a su vez viene del latín *dependere*: colgar, pender (de ahí, por ejemplo, los pendientes con los que ornamentamos nuestras orejas –y que, a veces, por su peso, parece que arrastramos, más que llevar colgados–).

La palabra "dependencia"[6], así mismo, ha tenido y tiene una gran trascendencia mediática en los últimos tiempos, especialmente desde que la conocida como "Ley de Dependencia", o Ley 39/2006, de 14 de diciembre, de *Promoción de la Autonomía Personal y Atención a las personas en situación de dependencia*[7], entrara en vigor el 1 de enero de 2007.

El concepto "vida independiente" se forja en el ámbito universitario y es un calco del inglés *independent living*, surgido en la Universidad de Berkeley (California) "cuando un grupo de estudiantes universitarios con grandes discapacidades decidieron no permitir que sus vidas fueran controladas por instituciones gubernamentales paternalistas y para ello plantearon en los años 80-90 una serie de principios que fueron aceptados por muchos países del mundo a través de Centros de Vida Independientes. Siguiendo con el desarrollo del Movimiento de Vida Independiente y de los derechos de las personas con

---

[6] El Consejo de Europa define la "dependencia" como "aquel estado en que se encuentran las personas que, por razones ligadas a la falta o a la pérdida de autonomía física, psíquica o intelectual, tienen necesidad de asistencia y/o ayudas importantes a fin de realizar los actos corrientes de la vida diaria".

[7] Se habla de "situación de dependencia" cuando existe una limitación física, psíquica o intelectual que merma determinadas capacidades de la persona, cuando la persona no es capaz de realizar por sí misma las actividades de la vida diaria y cuando hay necesidad de asistencia o cuidados por parte de un tercero.

discapacidad, los líderes de 50 países participaron en 1999, en Washington –EEUU–, en la cumbre internacional *Perspectivas globales sobre la vida independiente para el próximo milenio*, donde sentaron los principios de esta filosofía de vida, que se comprometieron a difundir por todo el mundo" (www.hanoprem.com). Cuatro años más tarde, en 2003, se celebró en Tenerife el Primer Congreso Europeo sobre Vida Independiente, y la primera Oficina española de Vida Independiente nació tres años después, en 2006, en la Comunidad de Madrid.

"Los programas de Vida Independiente funcionan basándose en la filosofía del control y la participación de los usuarios respecto a los servicios que necesitan, incluso la asesoría entre las mismas personas con discapacidad, la defensa de los derechos y la eliminación de las barreras ambientales, físicas y sociales" (Tremiño, 2002: 49). Probablemente, una de esas barreras sociales es el uso discriminatorio del lenguaje, de ahí la importancia que en los últimos años se está dando a la erradicación de este hábito porque "la discriminación no está en el lenguaje, sino en la mente de las personas. Nuestra lengua tiene la riqueza y los recursos suficientes para utilizarla sin necesidad de excluir, invisibilizar o marginar la cultura y las concepciones sociales, en general, consideran a las personas con retraso mental "niños y niñas eternos", seres dependientes de sus familias o de las instituciones en las que se encuentran; las actitudes sobreproteccionistas o paternalistas y las palabras de tono compasivo o con cierto matiz de caridad denotan que a las personas con retraso mental se las sigue percibiendo como incapaces de valerse por sí mismas o de llevar una vida autónoma y normalizada y, esto, en muchos casos, supone un estereotipo" (*Guía para un uso no discriminatorio del lenguaje en el entorno de la discapacidad*[8]).

En general, los estudiosos e interesados por las relaciones entre el Periodismo y la discapacidad aconsejan utilizar el tér-

---

[8] Esta guía, editada por Fundabem, se encuentra disponible en la siguiente dirección de Internet: www.imagina.org/archivos/lengua_discrim.htm

mino "persona con discapacidad" o "persona discapacitada", en lugar de "discapacitado", así como, por ejemplo, "persona sorda –o con sordera–" en vez de "sordo" o "persona ciega –o con ceguera–" en vez de ciego. "Son acertadas estas palabras en la medida en que acentúan el primer término (persona) y se indica que el sujeto posee una restricción y que tiene una ausencia para realizar una actividad en la forma o dentro del margen que se considera normal para un ser humano. Como se ve, de esta manera no se sustantiva una de las tantas cualidades" (Noseda, A. *et col.*). A pesar de ello, no siempre se utiliza esta terminología, así por ejemplo, en la propia página web del Ministerio de Sanidad y Política Social, podemos encontrar párrafos como el siguiente:

> "La OPE (Oficina Permanente Especializada)[9] cuenta con los sistemas de comunicación usuales: atención telefónica, fax, correo electrónico, y también con sistemas y medios específicos para personas con discapacidad, como el dispositivo telefónico para sordos (DTS)".

Como dato relevante en el camino que va recorriendo en la Red este concepto de "vida independiente", capaz de abrir las puertas a una cultura y a una filosofía de vida para las personas con discapacidad, señalaremos que ASPAYM[10] Madrid ha producido el primer documental sobre Vida Independiente, que lleva por título: "Vidas iguales, vidas diferentes. Historias de asistencia personal".

---

[9]   La Oficina Permanente Especializada (OPE) se encarga de promover la igualdad de oportunidades, la no discriminación y la accesibilidad universal de las personas con discapacidad. Este órgano depende del Consejo Nacional de la Discapacidad.

[10]   ASPAYM (www.aspaym.org) es la federación nacional de asociaciones de personas con lesiones medulares y gran discapacidad física.

EL NEOLOGISMO *ACCESIBILIDAD*

El concepto de *vida independiente* va unido indisolublemente al de *accesibilidad* o, de manera más precisa, *accesibilidad universal*. El Diccionario de la RAE no recoge aún el sentido específico que el término "accesibilidad" ha desarrollado en el contexto del tratamiento de la discapacidad –por eso lo consideramos como un neologismo semántico–, y aparece definido como "cualidad de accesible", sin que en el adjetivo "accesible"[11] se ofrezca tampoco una acepción concreta en este sentido.

Según algunos, la accesibilidad "es el grado en el que todas las personas pueden utilizar un objeto, visitar un lugar o acceder a un servicio, independientemente de sus capacidades técnicas, cognitivas o físicas". Tradicionalmente, la accesibilidad ha sido vista y tratada desde el punto de vista físico[12] (en relación con las posibilidades físicas de las personas de poder acceder a los edificios o a los medios de transporte, de poder transitar por las calles eliminando las barreras, etc.), sin embargo, en los últimos años[13] se ha prestado también una atención especial a otro tipo de accesibilidad, la que se refiere a las Tecnologías de

---

[11]   Según el DRAE: accesible. 1. adj. Que tiene acceso, 2. De fácil acceso o trato, 3. De fácil comprensión, inteligible.

[12]   Como señala I. Tremiño, esto se refleja en la elección del icono "que simboliza internacionalmente si un servicio, edificio o entorno es accesible: un gráfico de un individuo en silla de ruedas pintado en blanco sobre un fondo azul". Por eso, precisamente, y para equipar la accesibilidad física y la comunicativa, surgen iniciativas de usar otro tipo de iconos que se reconozcan de manera generalizada y tengan también en cuenta las limitaciones visuales, auditivas, motrices y cognitivas.

[13]   El I Plan Nacional de Accesibilidad 2004-2012 (PNdA) –que tiene como lema "Por un nuevo paradigma, el Diseño para Todos, hacia la plena igualdad de Oportunidades"- es el mecanismo por el cual la Administración General del Estado se propone acometer de forma ordenada y conjunta con otras administraciones y entidades la transformación de entornos, servicios y productos, para hacerlos plenamente accesibles a todas las personas, especialmente a aquellas con algún tipo de discapacidad. En este I PNdA se trata por primera vez, en igualdad de condiciones con las limitaciones

la Información, la Comunicación y la Señalización. "Desde el punto de vista humano, el objetivo es eliminar la discriminación permanente que sufren las personas con limitaciones auditivas, limitaciones visuales, intelectuales o de destreza, en realidad toda la población, ya que antes o después todos adquiriremos alguna o varias de estas limitaciones" (Tremiño, 2002: 29).

La accesibilidad universal está sustentada en dos grandes pilares: el *Diseño para todos* y la *igualdad de oportunidades*. El Diseño para todos, tal y como consta en la Introducción del I PNdA, es "la actividad por la que se concibe o proyecta, desde el origen y siempre que ello sea posible, entornos, procesos, bienes, productos, servicios, objetos, instrumentos, dispositivos o herramientas, de tal forma que puedan ser utilizados por todas las personas, en la mayor extensión posible". Así, al contemplar las necesidades de los usuarios desde la propia concepción del producto, se garantiza, por ejemplo, que "si una administración planea abrir un nuevo servicio de atención al público, deberá contemplar un servicio de traducción a la lengua de signos y la posibilidad de ofrecer la información impresa en formatos alternativos como el Braille" (Tremiño, 2002: 30). Así, el Diseño para todos "aparece como una vía adecuada para garantizar la igualdad de oportunidades de todos los ciudadanos y su participación activa en la sociedad". Entre los diferentes lenguajes

---

físicas, los diferentes aspectos de acceso a las Tecnologías de la Información, la Comunicación y la Señalización.

que hacen que la comunicación resulte más accesible para todos podemos señalar los siguientes (www.discapnet.es):

- Audiodescripción. Es para personas ciegas y consiste en la descripción de películas o contenidos de imagen en los que se va narrando lo que pasa en pantalla.
- Subtitulados. Se trata de pasar subtítulos de lo que están hablando los personajes en un producto audiovisual. Está indicado para personas sordas.
- Lenguaje Braille. Es un sistema por puntos que utilizan las personas ciegas para leer y escribir.
- Lengua de signos. Es el lenguaje utilizado por las personas sordas para comunicarse.
- Lectura fácil. Los textos en lectura fácil están realizados en un lenguaje resumido y sencillo para que puedan ser comprendidos por personas con problemas cognitivos o discapacidad intelectual.

Una aplicación concreta de la accesibilidad universal al ámbito de las nuevas tecnologías es la llamada *accesibilidad web*. Se entiende por accesibilidad web "el acceso a la información sin limitación alguna por razón de deficiencia, discapacidad, o minusvalía para que todas las personas puedan navegar por la red en cualquier condición"[14]. Un ejemplo de página web accesible es la que ofrece el portal Discapnet cuya accesibilidad "se ha comprobado mediante pruebas de usuarios con diversas discapacidades y que utilizan diferentes tecnologías de acceso, como lectores de pantalla, navegadores de voz y dispositivos apuntadores"[15].

---

[14] www.accesibilidadweb.com

[15] El portal Discapnet está firmemente comprometido con la accesibilidad en la web y desea que sus contenidos lleguen al mayor número de usuarios, independientemente de su condición de discapacidad. Para ello, utiliza tecnologías estándar establecidas por el *World Wide Web Consortium* (W3C) y sigue las Directrices de Accesibilidad 1.0 en su nivel AA. publicadas por su grupo de trabajo *Web Accesibility Initiative* (WAI), que se han convertido en un referente internacionalmente aceptado.
http://www.discapnet.es/castellano/paginas/accesibilidad.aspx

Las limitaciones para acceder a los diferentes sitios web pueden ser de varios tipos: visuales, auditivas, motrices y cognitivas y, en función del tipo de discapacidad, se utilizarán las ayudas tecnológicas correspondientes. Así, en el caso de las personas con capacidad visual reducida, los programas de magnificación de pantalla se encargan de ampliar el tamaño de lo que aparece en la pantalla del ordenador, de forma que se facilite su lectura.

Como vemos, por tanto, para poder hablar con propiedad y dar una información correcta y adecuada, es fundamental conocer los matices lingüísticos que expresiones como *vida independiente* o *accesibilidad* han ido desarrollando y adquiriendo en el tratamiento informativo de la discapacidad, términos que se han especializado hasta alcanzar las diferentes acepciones que estamos analizando en este trabajo y que pronto pasarán (ya lo han hecho en contextos específicos como las noticias de carácter social) de ser neologismos a voces de significado propio asentadas en la lengua estándar.

EPÍLOGO

Para terminar, nos gustaría destacar el hecho de que el Vicerrectorado de Política Social, Calidad Ambiental y Universidad Saludable de la Universidad Rey Juan Carlos tiene desde el año 2005 un Programa de Apoyo e Integración a personas con discapacidad que "pretende lograr como objetivo primordial cubrir las necesidades académicas que se planteen y lograr un entorno normalizador que permita el desenvolvimiento autónomo de este colectivo en nuestros campus"[16].

Como hemos visto a lo largo de este trabajo, hay una vida independiente más allá de la que los jóvenes intentan alcanzar al marcharse de la casa de sus padres y buscar su bien merecida autonomía; es la vida de las personas con discapacidad que

---

[16] http://www.urjc.es/comunidad_universitaria/universidad_saludable/ programa_discapacidad.html

pretenden tener las mismas oportunidades que el resto de las personas sin discapacidad. Creemos que para ser solidarios podemos empezar por acercarnos a su filosofía de vida y cambiar nuestra tradicional postura de lastimismo y sobreprotección por otra más activa, de acercamiento y conocimiento de su realidad. En nuestro cambio de actitud está el camino, reflejado en el buen uso que hagamos de la lengua y en la buena labor divulgadora de los profesionales de la comunicación.

BIBLIOGRAFÍA

Belda, L.M., Maíllo, J.E. y Prieto, J. M. (2006): *Periodismo social. El compromiso de la información. Libro de estilo*, Madrid, Servimedia S.A.

Bosque, I. (dir.) 2004): REDES. *Diccionario combinatorio del español contemporáneo*, Madrid, SM.

Casado Pérez, D. (1998): *Propuesta de pautas para la comunicación social básica*, XIII Seminario Iberoamericano sobre Discapacidad y Comunicación Social
http://www.fejidif.org/Herramientas/cd/herramientas%20de%20trabajo/Comunicacion/Propuesta%20de%20Pautas%20para%20la%20Comunicaci%F3n%20Social%20B%E1sica.pdf

Gutiérrez y Restrepo, E.: *Aplicación de la terminología propuesta por la Clasificación Internacional del Funcionamiento, de la Discapacidad y de la Salud (CIF)* http://www.sidar.org/publica/elect/index.php

Lodares, J. R. (1999): "Neología semántica", en *Actas de las V Jornadas de Metodología y Didáctica de la Lengua Española. El neologismo*, Universidad de Extremadura: pgs. 117-128.

Noseda, A. et col. *Pautas de estilo periodístico sobre discapacidad* http://www.scribd.com/doc/5893918/Pautas-de-estilo-periodistico-sobre-discapacidad

Tremiño, I. (2002): "Definiciones sobre Vida Independiente alrededor del mundo", en *Nuevo reto de la política social*, Gobierno de la Rioja, Dirección General de Servicios Sociales: pgs. 49-56.

Vilches, F. (2008): "Tratamiento lingüístico de las noticias de carácter social" http://www.aspaym.org/datos/trat_ling_noticias.
pdf

Webgrafía
www.rpd.es (Real Patronato sobre Discapacidad)
www.sidar.org (Fundación Sidar – Acceso universal)
www.ceapat.org (Centro Estatal de Autonomía Personal y Ayudas
Técnicas)
www.discapnet.es
www.accesibilidadweb.com
www.vidaindependiente.com
www.fundaciononce.org
es.wikipedia.org
www.rae.es

LA COMUNICACIÓN VERBAL EN LOS MEDIOS ACTUALES DE COMUNICACIÓN SOCIAL: PRINCIPALES RASGOS LINGÜÍSTICOS

Jesús Sánchez Lobato
Universidad Complutense

INTRODUCCIÓN

Aunque a lo largo de la historia de la humanidad, desde que la facultad del lenguaje seleccionó y caracterizó la especie animal que conocemos con el nombre de "ser humano" por su racionalidad[1], la lengua[2] ha devenido prioritariamente, y, a

---

[1]   A este respecto desde el punto de vista antropológico caben dos enfoques sobre el lenguaje: a) el que caracteriza el lenguaje como una forma distinta de la cultura humana, como pueda ser el arte, y se interesa por su estructura y manifestaciones reales, y b) el que ve en el lenguaje el medio más idóneo de que dispone el hombre para la comunicación, expresión y transmisión de la cultura, y, además, le proporciona las categorías con que aprehende el mundo exterior, lo piensa y lo expresa (Pío J. Navarro Alcalá-Zamora (1981: 55): *Sociedades, pueblos y culturas*, Barcelona, Aula Abierta Salvat, Salvat Editores).

[2]   "[ ] Hablar es algo exclusivo de la especie humana y nadie puede ser ajeno al hecho de que representa una ventaja adaptativa incuestionable. Si los seres humanos hemos llegado a imponernos sobre las demás especies animales –otra cosa es si acabaremos dando al traste con el planeta entero– es sin duda gracias a las redes socializadoras que el lenguaje ha proporcionado y al enorme acervo cognitivo que nos permite legar a las generaciones siguientes.

En ausencia del lenguaje, la sociedad y la tecnología serían imposibles y estaríamos todavía en el paleolítico. Faltos de lenguaje, no seríamos nada, una especie más de primates [ ], la cual tal vez se había extinguido hace

veces, exclusivamente, expresión oral[3] antes de que adoptase
el ropaje necesario para la expresión escrita.

Modalidad esta, la escrita, que, sin embargo, a partir de la
invención de la imprenta -con el fin de no retrotraernos a los
orígenes de su aparición-, y desde la estandarización de los
sistemas lingüísticos en las sociedades modernas –sobre todo,
a partir del siglo XVIII– ha tenido un sólido prestigio social
y cultural hasta bien entrado el siglo XX. Como norma de lo
bien dicho –reflejando siempre lo bien escrito–, se instaló en
los medios sociales de comunicación tanto en los genuinamente
de expresión oral, que, como ya he apuntado, seguían las directrices de la norma culta académica (estrictamente literaria),
como, por supuesto, en los de expresión escrita cuyos modelos
se presentaban muy alejados en el tiempo de la manifestación
hablada por la sociedad, del uso real de la lengua.

En España (y en Hispanoamérica, aunque en este artículo
no nos referiremos al español hablado allende el Atlántico),
los medios escritos de comunicación social y cultural, durante
los siglos XVIII, XIX y primera parte del pasado siglo XX, se
presentan al lector adornados por una determinada voluntad
de estilo[4] y por el respeto a ultranza a la norma culta de la

muchos siglos, acosada por los depredadores y por los fenómenos naturales"
(Ángel López García (2010: 17-18): *El origen del lenguaje*, Valencia, Tirant
Lo Blanch).

[3] La oralidad de la lengua constituye su factor intrínseco, ya que la
escritura refleja un estadio muy posterior de cultura. La oralidad (y sus
recursos lingüísticos) son elementos constitutivos de la lengua humana de
la comunicación, aunque esta pueda darse de otras maneras, por ejemplo
la escritura.

[4] "Al igual que otros grandes escritores del siglo XVIII, como Jovellanos,
Meléndez Valdés o Samaniego, entre otros, Azorín conjugó y armonizó la
ficción literaria con la crítica. De esta forma entronca con la peculiar producción periodística que sustenta y sirve de base a la historia del periodismo
español. Es evidente que el nacimiento del periodismo moderno, tal como
lo entendemos hoy día, nace en el siglo XIX, especialmente en el segundo
tercio de la mencionada centuria; (...) No es pues casual o fortuito el hecho
de que el joven Martínez Ruiz visitará en febrero de 1901 la tumba de Larra
como claro homenaje al mentor ideológico del 98 y maestro del periodismo

lengua, norma de prestigio social y cultural (en una sociedad de analfabetos) en la que se desenvolvían –reverencialmente– periodistas, ensayistas, filósofos, críticos, políticos, hombres de letras y de ciencias. La actividad parlamentaria, los debates públicos, las conferencias y la enseñanza, aunque utilizaban el canal oral de la comunicación, reproducían, en general, los modelos cultos que les proporcionaba la norma de cultura por lo que su expresión oral estaba muy próxima a la expresión escrita, sobre todo en la comunicación formal. La retórica tenía un lugar muy destacado en la comunicación oral.

La expresión oral de las personas cultivadas en el ámbito familiar adoptaba usos lingüísticos -tendentes a reproducir el ambiente familiar, social y cultural- muy diferenciados de los modelos lingüísticos habituales en su actividad pública[5]. Y, por supuesto, la expresión oral de las personas cultas, pese a la utilización de diferentes registros, difería, a su vez, notablemente de la lengua hablada por la inmensa mayoría del pueblo español que, generalmente, no alcanzaba a utilizar la expresión escrita por no haber podido acceder a una instrucción elemental. La falta de escolarización proporcionaba un alto índice de personas carentes de la posibilidad de acceder a la expresión escrita.

---

español" (Enrique Rubio Cremades (2009: 15-16): "Azorín y el periodismo", en Miguel Á. Lozano Marco (coord.): *Azorín, renovador de géneros*, Madrid, Biblioteca Nueva).

[5] A. Zamora Vicente (1916-2006) comentaba: "Yo tenía entonces en una misma casa, por lo menos, tres lenguas distintas que no sabía muy bien donde tenía que colocar cada una. Había una lengua de funcionarios, de personas educadas y con representación en la vida de la Corte incluso, era la lengua de mis padres, de mis hermanos mayores, la lengua, digamos, oficial de mi familia, una lengua que hablaban las personas que venían a visitarnos.

[ ] Luego tenía la lengua campesina de la familia que venía a vernos y donde pasábamos los veranos.

[ ] Y luego tenía la lengua de la calle madrileña porque entonces jugábamos en la calle, estábamos siempre en la calle " (J. Sánchez Lobato (1998: 8): Alonso Zamora Vicente *Narraciones*, Madrid, Castalia).

La lengua española, y su modelo de prestigio, respondían desde el siglo XVIII a los dictados académicos, a la norma (y subnormas) que la docta Institución recomendaba, aunque fuera por prescripción[6]. En la actualidad, la normativización del español es un hecho irrefutable en todo el mundo hispánico –la acción de la escuela ha tenido, tuvo y tiene una incuestionable importancia, aunque, en la actualidad otros instrumentos de comunicación juegan un papel importantísimo como la televisión, la radio, internet–. La Academia, desde sus primeros pasos con la elaboración del *Diccionario*, de la *Ortografía* y de la *Gramática*, ha sido la garante hasta el momento presente de la estandarización de la lengua española[7].

"(...) Precisamente por la dimensión territorial del español, es imprescindible mantener una norma escrita consensuada y coherente.

(...) Las Academias de la lengua española definen la ortografía como "el conjunto de normas que regulan la escritura de una lengua". Esta definición implica que alguien regula

---

[6] "Se comprende y hasta se justifica que cada uno encuentre más eficaz y precisa la norma idiomática a cuya sombra ha nacido y se ha formado; pero ello no implica rechazo o condena de otras normas tan respetables como la propia. La Academia, con mutaciones varias a lo largo de sus casi tres siglos de vida, ha defendido criterios de corrección basados en el uso de los varones más doctos, según decía Nebrija. El redactor ha procurado la imparcialidad en los casos de conflictos normativos, si bien se reflejan a veces sus preferencias personales. La tendencia normativa, desde los mismos orígenes de la gramática, la hemos heredado todos, incluso los afectados de ligero latitudinarismo. Toda gramática termina, o empieza, por ser normativa. Y, al cumplir con el compromiso contraído, también esta gramática aconseja normas, siempre, eso sí, sin espíritu dogmático" (E. Alarcos Llorach (1994: 20): *Gramática de la Lengua Española*, Madrid, Espasa Calpe).

[7] "El nuevo ideal de lengua no está en la Corte, ni en el origen ni lugar de nacimiento sino en las nuevas relaciones entre las diferentes provincias del idioma en una nueva coiné común a todos los pueblos de habla hispana" (A. Zamora Vicente (1966:45): "Reflexiones sobre la nivelación artística del idioma", en *Lengua, literatura , intimidad*, Madrid, Taurus, págs. 41-62; con anterioridad se había publicado con el título:"Sobre la nivelación artística del idioma", en *PFLE*, Madrid, Ofines, Vol. II, 1963, págs. 39-49).

mediante normas explícitas, adjetivo que no se usa en la definición; pero que es necesario. También incluye el concepto de *norma culta*, en el sentido de *norma establecida*: el consenso de las personas e instituciones que reconocen y aceptan lo que es común en la manera de hablar y escribir de los hablantes cultos. Se parte de un *modelo*. Esto implica una *prescripción*, la ortografía del español moderno es *prescriptiva*. También se requiere una institución coordinadora, en este caso las Academias, por ello es *académica*"[8].

Una de las características definitorias de la llamada "norma culta" es la de estar sujeta a codificación con el fin de que pueda servir de modelo lingüístico (cada una de las normas del español, por supuesto de prestigio) a una comunidad tan extensa y poblada como la hispánica, además de poseer, como ya hemos apuntado, un sistema de escritura y unas normas ortográficas relativamente estables[9], que se convierten en el eje vertebrador de los modelos cultural y educativo para la comunidad de hablantes.

"Frente a quienes, sin fundamento, expresan opiniones en las que se trata la ortografía como una norma anticuada y poco necesaria, debe explicarse que lo que ocurre es precisamente lo contrario. Se trata de una actividad normativa cuya importancia ha ido creciendo con el desarrollo de los nuevos sistemas de comunicaciones y la capacidad de publicación inmediata que ofrecen las nuevas técnicas o las redes como Internet. La creación de páginas propias o corporativas, los

---

[8]   Francisco Marcos Marín y Paloma España Ramírez (2009: 24-25): *Más allá de la ortografía. La primera ortografía hispánica*, Madrid, Biblioteca Nueva.

[9]   La ortografía es una institución bastante autónoma en relación al sistema lingüístico de una comunidad. Por su tradición y aceptación social llega a ser, debido a su visibilidad, el símbolo más reconocible del arraigo del idioma. Ello explica la dificultad de proponer innovaciones ortográficas por muy sensatas que sean y su resistencia a ellas como demuestra la historia. No cabe duda alguna de que el hecho de que exista una sola ortografía para el mundo hispánico, a pesar de las notorias diferencias fónicas, es un excelente ejemplo de su función unificadora.

sistemas de lectura automática de textos con producción de sonido y una amplia gama de nuevas profesiones exigen la corrección ortográfica"[10].

LA LENGUA ESPAÑOLA Y LOS MEDIOS SOCIALES DE COMUNICACIÓN

El teléfono (fijo o móvil)[11], la radio (el transistor), el cine, la televisión, la videoconferencia, por su incisiva y directa presencia en la sociedad, a partir sobre todo de los años cincuenta del siglo pasado, al propagar por sus respectivos canales la manifestación oral del lenguaje, en menor medida la prensa diaria, las revistas, los textos literarios y no literarios, por ejemplo la publicidad, por servirse básicamente de la manifestación escrita (aunque en los últimos años los mensajes escritos desde la telefonía móvil y desde el ordenador, y sus múltiples aplicaciones, van ocupando importantes parcelas de atención en la sociedad, no olvidemos la importancia actual de los llamados *chats*, *blogs*, *facebook* por medio de Internet), han marcado –lingüísticamente hablando– a la sociedad hispana en los últimos años, ya que su omnipresencia, a cualquier hora del día y de la noche y en cualquier rincón del territorio hispano, ha posibilitado que se difuminen diferencias entre los hablantes de español al ir prescindiendo, en la lengua que se propaga desde los medios de comunicación antes aludidos, de variantes excesivamente localistas, y posibilita, a su vez, una comunicación lingüística que pueda ser aceptada por todos los hablantes de español sin exclusiones al seleccionar una norma (o normas) con suficiente entidad social y cultural en donde

---

[10] Francisco Marcos Marín y Paloma España Ramírez (op. cit., 2009: 26).

[11] Texto reproducido con variantes de Jesús Sánchez Lobato "Una mirada al hablar en el español actual. La nivelación del idioma" (2009: 140-141), en J. Sánchez Lobato, V. Alba de Diego y R. Pinilla: *Aspectos del español actual. Descripción, enseñanza y aprendizaje* (L1 y L2), Madrid, SGEL.

estén representados (y quepan) los distintos rasgos individuales y colectivos de los hispanohablantes.

En el Prólogo a la *Nueva gramática de la lengua española*[12], encontramos el planteamiento doctrinal referido a la *descripción* y *prescripción* que ha presidido el quehacer de los académicos: "(...) Aunque sea con diferente peso, ambas vertientes –la descriptiva y la normativa- han convivido tradicionalmente en las gramáticas académicas. Nunca es tarea fácil compaginarlas en su justa medida, pero ambas se hacen también patentes en esta edición" (XLII).

En cuanto a cuestiones normativas, se asume el principio general de que la norma del español actual tiene un carácter policéntrico: "(...) La muy notable cohesión lingüística del español es compatible con el hecho de que la valoración social de algunas construcciones pueda no coincidir en áreas lingüísticas diferentes. No es posible presentar el español de un país o de una comunidad como modelo panhispánico de lengua" (XLII). La lengua, y sus posibles modelos de prestigio allá en donde se describan, tienen pues su cabida en la interpretación normativa de dichos usos en la lengua española, ya que se ha de interpretar "la norma como una variable de la descripción. Las construcciones gramaticales poseen forma, sentido e historia; unas son comunes a todos los hispanohablantes y otras están restringidas a una comunidad o a una época. Pero, además, las construcciones gramaticales poseen prestigio o carecen de él; se asocian con los discursos formales o con el habla coloquial; corresponden a la lengua oral, a la escrita o son comunes a ambas; forman parte de la lengua estándar o están limitadas a cierto tipo de discursos, sea el científico o el periodístico " (XLIII).

En general las lenguas de cultura, el español no es ninguna excepción, potencian en los medios –redes– sociales de comunicación, tanto orales como escritos, una determinada nivela-

---

[12] Real Academia Española (2009): *Nueva gramática de la lengua española, Morfología Sintaxis* I, Madrid, Espasa Libros.

ción de la lengua a partir de posibles identidades culturales, históricas, geográficas y políticas; en el caso del español, pese a la voz de veinte naciones independientes, representadas en la Asociación de Academias de la Lengua Española (además de las Academias de Estados Unidos y Filipinas), la cohesión y la intercomunicación están aseguradas por las posibilidades que ofrece el sistema lingüístico del español. Poderosas razones, económicas, políticas, culturales, religiosas, científicas, identitarias , siempre están (o han estado) de una u otra manera en la base de dicha realidad[13].

La codificación de la norma culta, sin embargo, debe tener en cuenta y potenciar la estratificación lingüística de la compleja sociedad hispana por lo que el ideal lingüístico no debe ser único sino que debe certificar las diferencias existentes en el uso de la lengua con el fin de transmitir y expresar todo el acervo cultural de los pueblos hispanohablantes:

"Es imposible que en una descripción gramatical se analicen con similar profundidad todos los tipos de variación lingüística que hoy se reconocen en la lengua española. Es plausible, en cambio, resaltar de forma somera los aspectos más notables de cada una de las formas de variación allá donde se considere conveniente hacerlo. Esta es la opción que aquí se ha elegido. Los especialistas suelen distinguir entre la variación histórica, la geográfica y la social, y acostumbran a dividir esta última en dos tipos: la relativa a los llamados sociolectos (por ejemplo, lengua popular frente a lengua culta, pero también las variedades caracterizadas por el conjunto de rasgos lingüísticos

---

[13] "En primer lugar, los medios de comunicación han sustituido a los oradores y sobre todo a los escritores como irradiadores del modelo de lengua. En segundo lugar, el hablar ha quitado protagonismo al escribir en la comunicación social general, mediante la radio y principalmente la televisión; y el teléfono ha hecho innecesaria parte de la comunicación bilateral escrita. Por último, en tercer lugar, como parte de un cambio social generalizado, los estilos más informales, con frecuencia coloquiales, han ido eliminando a los tradicionales estilos formales" (J. Garrido Medina (1996:338): *Idioma e información: La lengua española de la comunicación*, Madrid, Síntesis.

establecidos en función del sexo, de la actividad profesional y de otras variables) y la relativa a los niveles de lengua, es decir, los estilos o registros, como los que permiten oponer la lengua coloquial a la empleada en situaciones formales, o diferenciar el habla espontánea de la lengua más cuidada"[14].

Todo intento de nivelación lingüística, de ideal de lengua, de norma de prestigio social, cultural y lingüístico se ha basado en el pasado en la acción de la escuela y en el prestigio orientador de las capas sociales profesionales, principalmente urbanas, que acaban imponiendo sus modalidades lingüísticas a la colectividad para convertirlas en el eje estándar de la cultura, en la lengua común y general para los hablantes de español y para todos aquellos que se acercan a ella como segunda lengua o lengua extranjera. En el presente sobre lo dicho, hay que destacar la acción de las redes sociales de comunicación ya que inciden prioritariamente sobre la lengua. La lengua española podemos decir que está sujeta a la codificación y cohesión que demanden y propaguen los medios sociales de comunicación[15].

---

[14] Real Academia Española (2009: *Prólogo*: XLIII): *Nueva gramática de la lengua española, Morfología Sintaxis* I, Madrid, Espasa Libros.

[15] Se suele indicar que –aunque el criterio de corrección idiomática es más complejo de lo que se supone porque no sirve apoyarse únicamente en los textos académicos (*Diccionario panhispánico de dudas, Ortografía* y *Gramática*) para aceptar o rechazar tal elemento léxico o tal o cual construcción o giro gramatical– la *escuela* y los medios sociales de comunicación deben rechazar formas como *tiniente*, *habrían* fiestas, *cantastes*, porque hoy por hoy la sociedad no las acepta en la norma de cultura comúnmente aceptada por todos –no porque algo se juzgue incorrecto no existe– y, en su caso, enseñar y difundir las generalmente aceptadas *anduve, hace años, un poco de, undécimo lugar...* El criterio debe ser aceptar "aquel giro que, aunque no haya sido recogido por la Academia, sí haya sido aceptado por la sociedad culta. Cada generación se mueve entre la tradición y la innovación" (Á. Rosenblat (1978 5.ª ed. Vol. I: 14): *Buenas y malas palabras*, Madrid, E. M.).

El habla rústica aún mantiene viejas normas que hoy son consideradas vulgarismos por mucho que en épocas pasadas hayan pertenecido a la literatura: *truje, haiga, agora, mesmo.*

"La lengua *culta* está constituida por los rasgos lingüísticos que caracterizan el habla de las personas instruidas, mejor formadas, así como más

La Cultura, entendida como red social y como encuentro de identidades, impone a todos sus hablantes, por encima de sus diferencias regionales o nacionales, legítimas todas ellas, una norma de expresión lingüística superior, que se convierte en norma para la lengua general, para la lengua de los medios o redes sociales de comunicación. La nivelación del idioma, aceptada por todos, debe partir de la norma de cultura vigente, en cuya manifestación social caben las diferentes variedades, los diferentes registros y los diversos matices que enriquecen la espontaneidad idiomática[16].

---

prestigiosas, de una comunidad (...) Generalmente, a esta lengua se accede por medio de la instrucción superior, en la que, como es natural, la lengua escrita disfruta de un protagonismos singular. (...) La lengua *culta*, por otro lado, es una variedad eminentemente urbana que se irradia desde las grandes ciudades a las más pequeñas y a las comunidades rurales" (F. Moreno Fernández (2000:51): *Qué español enseñar*, Madrid, Arco/Libros). F. Moreno Fernández vuelve a tratar el tema en su conjunto en (2009): *La lengua española en su geografía*, Madrid, Arco/Libros.

[16] La *Nueva gramática de la lengua española* distingue entre el concepto de *gramaticalidad* de una construcción y su *corrección* idiomática. El concepto de gramaticalidad "designa la medida en que la construcción se ajusta o no al sistema gramatical de la lengua en un momento determinado, según el parecer de los hablantes nativos de dicha lengua".

(...) La *corrección* idiomática representa un factor de valoración social. Permite distinguir las secuencias atestiguadas que se usan en la expresión cuidada de las que no se consideran recomendables, ya que carecen de prestigio. (...) La presente gramática del español está concebida, por tanto, como obra a la vez descriptiva y normativa. Trata de describir las variantes gramaticales que se tienen por cultas en el mundo hispanohablante, caracteriza otras como populares y refleja asimismo, cuando se posee información suficiente, aquellas que están limitadas al registro coloquial. En la gramática se describen también las variantes morfológicas y sintácticas que pueden considerarse correctas en una determinada comunidad, aun cuando no coincidan por completo con las opciones favorecidas en otras zonas. A pesar de que no existe un español estándar único, en el sentido de una sola lengua culta y uniformada que todos los hispanohablantes compartan, el grado de cohesión y homogeneidad del español actual es muy elevado" (Real Academia Española (2009: 8).

LENGUA Y SOCIEDAD

Los cambios sociales que se perciben en los años sesenta y se asientan en España a partir de los años setenta del pasado siglo XX se acentúan con la llegada al poder, por procedimientos democráticos, de una nueva generación que ayuda a derrumbar las antiguas lindes de la jerarquizada estructura social española. Las generaciones que han nacido en la inmediata postguerra española (o durante la misma) son las que, pasito a paso, van realizando el cambio social al hilo de sus homólogas europeas. Los medios de comunicación –una vez más– aceleran los cambios sociales, económicos y culturales.

La lengua, que ha sido el medio por el que se han visualizado (y, por supuesto, percibido y explicado) los cambios operados en la península, se "ha contaminado", en mayor medida que en el pasado, del fenómeno de la sociedad urbana y de sus nuevas formas de comunicación lingüística, más coloquiales y expresivas por haber avanzado una síntesis de los diversos registros de la lengua.

La nueva sociedad emergente[17] ha aceptado sin más formas y modas y modos lingüísticos que le han llegado desde el registro vulgar, a veces rústico; ha acentuado, si cabe, la tendencia el uso de gitanismos léxicos[18] (*parné, gachí, mangar, camelar*) y emplea, con prodigalidad y liberalidad, recreaciones léxicas del lenguaje argótico[19] (*chapero, chorizo, chachi, chinorri...*) y,

---

[17] Es una constante social: al convertirse en adultos, los jóvenes legitiman su cultura y buscan sus señas de identidad, incluso lingüísticas, en el presente.

[18] C. Clavería (1951): *Estudio sobre los gitanismos del español, Revista de Filología Española*, anejo LIII, Madrid, CSIC. Se destaca el influjo del gitanismo en la literatura española y su paso al habla popular a lo largo del siglo XIX y principios del siglo XX.

[19] Véanse, entre otros, los estudios de J. Sanmartín Sáez (1998): *Lenguaje y cultura marginal. El argot de la delincuencia*, Valencia, Universidad; C. Ruiz (2001): *Diccionario ejemplificado de argot*, Barcelona Ediciones Península y F. Umbral (1983): *Diccionario cheli*, Barcelona, Grijalbo.

sobre todo, de la jerga de las tribus urbanas marginadas y no marginadas (*afanar, basca, borde, pincharse, colocarse, pillar, talego…*) y de la contracultura.

En el español peninsular, en la conversación espontánea (interlocución en presencia, dinamismo conversacional), incluso en grupos sociales considerados cultos y en los medios orales de comunicación, el registro estándar se ha ampliado y mezclado y coloreado con giros, expresiones y léxico de muy diversa procedencia; mejor dicho, se han tomado de otros registros, próximos o alejados del estándar culto, giros y expresiones que, en una admirable simbiosis lingüística, caracterizan a la sociedad española actual. Desde la administración, la política, la economía (*dotacional, reordenación, precarización, estancamiento, incentivar, enfriar, congelar, turbulencias*) y la misma sociedad –mucho más tecnificada que antaño– (*fin de semana, vacaciones rurales, deportes, modas, compras*), se traspasan al lenguaje común y general, aparte de los propios y naturales para sus respectivas funciones, multitud de términos léxicos procedentes de formaciones eufemísticas y metafóricas (*chupar banquillo, maniobrar, estar en forma, hacer un caño, vacas sagradas, caja negra, cachorro, barrido de la cámara, búho*)[20].

TENDENCIAS DE LA LENGUA ESPAÑOLA EN LOS MEDIOS DE COMUNICACIÓN

Como no puede ser de otra manera, los medios sociales de comunicación reproducen la forma de hablar que es común y general a la sociedad a la que sirven; suelen utilizar la lengua española desde el registro estándar de la conversación coloquial en cualquier contexto y situación.

---

[20] Texto reproducido con variantes de Jesús Sánchez Lobato "Una mirada al hablar en el español actual. La nivelación del idioma" (op. cit., 2009: 149-150).

El registro conversacional coloquial[21] impregna toda la comunicación porque ha invadido parcelas de la oralidad que anteriormente estaban perfectamente delimitadas por la situación y el contexto comunicativo, en consonancia con el registro lingüístico elegido, como puedan ser la parcela familiar, la popular, los rasgos vulgares y el registro de la norma culta.

Hoy en día la oralidad espontánea del discurso ha pasado directamente a la expresión escrita ya que los medios modernos de comunicación nos inundan de publicidad (*prospectos, bancos, eslóganes*) mediante la escritura; asimismo, poderosos medios de comunicación emplean la escritura (*mensajes de móviles, correo electrónico, los chats*[22], *los facebook*), aunque la oralidad esté presente en la expresión. La televisión (y sus

---

[21] Para A. Briz Gómez (1998: 40): "(...) lo coloquial, entre otras características, es un registro, nivel de habla, que caracteriza las realizaciones de todos los hablantes de una lengua. No es uniforme, ni homogéneo y, además de ser oral, puede reflejarse en el texto escrito. Aparece en varios tipos de discurso, si bien es en la conversación, como uso más auténtico del lenguaje, donde también más auténticamente se manifiesta esta modalidad lingüística" (*El español coloquial en la conversación. Esbozo de una pragmagramática*, Barcelona, Ariel).

Manuel Seco (1973: 365), por su parte, había distinguido entre niveles de lengua (culto y vulgar) y los registros de habla (formal, informal/coloquial: "Los registros del habla (...) pueden agruparse en (...) formal e informal, caracterizados en líneas generales por una actitud convencional y por una actitud espontánea respectivamente" ("*Entre visillos*, de Carmen Martín Gaite", en *Comentario de textos* I, Madrid, Castalia, págs. 361-379).

Para un seguimiento del registro coloquial en la prensa y en los medios audiovisuales, véase el excelente trabajo de Ramón Sarmiento González y Fernando Vilches Vivancos (2004: 43-48): *Lengua española y comunicación*, Madrid, SGEL.

[22] Es evidente que los *chats* suponen una nueva plataforma discursiva, ya que los interlocutores intervienen siguiendo un turno de intervención en el que no existe el moderador, pero la conversación sigue las pautas normales del plano discursivo con dinamismo, cooperación y rapidez, si bien lo es menos que en una conversación normal y sin las intervenciones paralelas (o solapamientos) que se dan entre los interlocutores en esta. (Véase a este respecto: Julia Sanmartín Sáez (2006:245-266): "El léxico: del recurso estilístico a la lengua de especialidad", en Milagros Aleza Izquierdo (coord.): *La*

tertulias) y la radio utilizan la oralidad desde el registro conversacional coloquial, si bien es cierto que determinados medios cuidan la expresión idiomática de acuerdo con sus invitados. Son las personas cultivadas que utilizan los medios quienes nos ofrecen un registro lingüístico más o menos formal[23].

La expresión escrita, aunque se acerca a los patrones pragmáticos de la oralidad, sobre todo en la utilización del correo electrónico, en los mensajes de texto y en las noticias leídas en los medios audiovisuales, sigue conservando sus propios recursos lingüísticos que la diferencian claramente de la expresión oral[24].

"La comunicación escrita no es una mera reproducción de la lengua oral. Ambas formas de comunicación presentan normalmente el mensaje en orden lineal de acuerdo con el código lingüístico. No obstante, la modalidad escrita tiene su propia dinámica y actúa de manera independiente porque tiene que reproducir por medio de signos los sonidos y entonación del lenguaje oral en un espacio y en un tiempo determinados. La técnica de la escritura permite utilizar una amplia variedad de registros del habla –culto, especializado, literario, coloquial,

---

lengua española para los medios de comunicación: usos y normas actuales, Valencia, Tirant Lo Blanch).

[23] De todos es conocido el prestigio social que han alcanzado algunos "comunicadores" tanto en los medios audiovisuales como en la radio. Apoyando su acción mediática ha estado presente un registro de español conversacional, pleno de coloquialidad (con una gran base de vulgaridad), que ha influido de forma decisiva en la sociedad actual. Los programas deportivos (y los llamados del corazón) de enorme difusión en todo el ámbito hispano se han acogido a un determinado coloquialismo informal no exento de rasgos vulgares.

[24] "El español corriente, que se habla y oye todos los días, no difiere tanto de la lengua escrita como para ser considerados dos sistemas distintos. La lengua hablada puede acercarse mucho a la literaria, por ejemplo en una conferencia" (Mª Josefa Canellada y Kuhlmann Madsen (1987: 7): Pronunciación del español, Madrid, Castalia).

familiar[25], vulgar y jergal- con el fin de adaptarlos a cada situación comunicativa"[26].

"La corrección no tiene la misma medida en el discurso oral que en el escrito. (...) Las características propias del discurso oral, de lo oral espontáneo –y no tanto de la reproducción oral de lo escrito– así lo explican: la planificación de lo que se dice es menor, dada la rapidez con que se produce, y asimismo hay un menor control de lo producido, la construcción gramatical es diferente y se altera con frecuencia debido a interrupciones y cambios de plan sintáctico, los órdenes de palabras se someten a estrategias informativas antes que a órdenes gramaticales, el vocabulario suele ser menos preciso y el modo de transmitir la afectividad y las emociones es también distinto[27]".

Es evidente que las transformaciones más substanciales del español estándar de la conversación coloquial tienen como punto de partida la norma general y común del español y en ella se insertan una vez que han sido aceptadas las innovaciones que -no olvidemos-, en principio, son sociales y culturales (fórmulas de tratamiento, cortesía, disfemismo) para en un segundo momento adquirir su caparazón lingüístico y que, aunque pueden incidir en la epidermis[28] del sistema, dejan su impronta en el léxico, morfología, sintaxis y fonética.

---

[25] Véase el excelente trabajo bibliográfico de José Polo -que, aunque ya antiguo, sigue vigente- sobre dichos registros idiomáticos (1971-1976): "El español familiar y zonas afines", en Revista *Yelmo*, 1-28.

[26] Jesús Sánchez Lobato (coord.), Ángel Cervera Rodríguez, Guillermo Hernández García y Coronada Pichardo Niño (2006: 68): *Saber escribir*, Madrid, Aguilar e Instituto Cervantes.

[27] Antonio Briz (coord.), Marta Albelda, Mª José Fernández, Antonio Hidalgo, Raquel Pinilla y Salvador Pons (2008:25): *Saber escribir*, Madrid, Aguilar, Instituto Cervantes.

[28] "(...) Los cambios idiomáticos resultan de erosiones continuas en la lengua, en sus variados subsistemas, en los cuales la actividad de una generación colabora con la de otras generaciones y con la de otros factores, mucho más decisivos y que nada tienen que ver con las zonas de la edad " (F. Lázaro Carreter (1980: 245): "Lenguaje y generaciones", en *Estudios de lingüística*, Barcelona, Crítica, págs. 233-251.

El español hablado tiende hacia una igualitaria coiné lingüística, fijada en el prestigio de la norma culta de los grupos sociales urbanos y profesionales universitarios y en el poder de los medios de comunicación que la sustentan y difunden (tanto desde la oralidad como desde la escritura). Los medios de comunicación social –redes sociales–, el poder político y económico y las formas de relación social actuales junto a la acción de la escuela mantienen la unidad (y su nivelación e ideal) por encima de localismos y de modas en la geografía del español.

De todos es sabido que la lengua ofrece diferentes posibilidades para expresarse. De entre ellas, la corrección idiomática selecciona el dialecto y sociolecto de la clase dirigente, de la elite social y cultural dominante que se convierte en lengua de comunicación social y general para la comunicación pública tanto oral como escrita.

La lengua[29], por lo tanto, debe ser considerada como dinámica por lo que su explicación y sistema debe ser considerado como tal: la gramática de una lengua es dinámica. La escritura fija la lengua mediante normas que se compendian en la ortografía.

RASGOS LINGÜÍSTICOS DEL ESPAÑOL ACTUAL[30]

La evolución de las lenguas se manifiesta de manera evidente en el léxico, en un primer momento, en un segundo momento, y a más largo plazo, en la morfología y sintaxis y, por último, en el sistema fonológico. El léxico será en todo

---

[29] Lo que se habla en cada comunicación concreta son los dialectos (y sociolectos) –las partes–, el conjunto entero constituye la lengua en sincronía.

[30] En este apartado resumo y actualizo lo publicado en (2009: 173-177): "A vueltas con la nivelación del idioma", en *Aspectos del español actual. Descripción, enseñanza y aprendizaje (L1 y L2). Acercamiento a la cortesía verbal, a la creación neológica (morfología y léxico) y a la enseñanza-aprendizaje del español L1 y L2*, Madrid, SGEL.

momento el nivel lingüístico que más directamente refleje las realidades extralingüísticas de la sociedad. Mediante el léxico iremos conociendo las relaciones sociales internas y externas, el modo de expresar la cultura en cada momento histórico, el pensamiento político y económico de la sociedad y su quehacer diario[31].

Al léxico incorporado para denominar los nuevos campos de las ciencias que han conocido un extraordinario desarrollo a lo largo del pasado siglo veinte, se ha de añadir el léxico que ha incorporado el deporte, la actividad física y lúdica, las nuevas relaciones sociales y familiares, el mundo de la cultura en todas sus vertientes, el mundo de las artes plásticas, el cinematógrafo, la economía, el fenómeno de la urbanización en detrimento del mundo rural y el mundo del trabajo con sus nuevos roles, la moda y el lenguaje administrativo. A todo ello, añádase la publicidad, que sea cual fuere el soporte o medio elegido para su proyección, es un importante campo de introducción de cambios léxicos a la par que un potente vehículo de unificación en el campo léxico[32].

En el plano fónico toman cuerpo de naturaleza procesos que vienen ya de lejos como puedan ser, entre otros, la clara tendencia a la pérdida de la /-d-/ intervocálica en los participios en [-ado: pring*ao*, lleg*ao*], que se ha ido extendiendo a los participios en [-ido: sent*ío*, com*ío*], aunque en estos últimos casos

---

[31] "El habla de una colectividad no es sólo un modo de comunicación exterior, sino un mundo interno, creado a través de todas las vicisitudes históricas, por la actividad espiritual de esa colectividad. El hombre hace la lengua y la lengua hace al hombre" (Á. Rosenblat (1978, Vol. III: 46): *Buenas y malas palabras*, Madrid, E. M.).

[32] Véase el estudio ya clásico de Vidal Alba de Diego (1976): *La publicidad (sociedad, mito y lenguaje)*, Barcelona, Planeta y el de L. A. Hernando Cuadrado (1984): *El lenguaje de la publicidad*, Madrid, Coloquio. Véanse, además, E. Náñez (1973): *La lengua que hablamos. Creación y sistema*, Santander, Bedia. Su segunda edición (2006): *La lengua que hablamos. Creación y sistema, humor y afijos*, Madrid, UAM ediciones, y Jesús Sánchez Lobato (2009: 185-202): "Procedimientos de creación léxica en el español actual", en J. Sánchez Lobato, Vidal Alba de Diego y Raquel Pinilla, op. cit.

su pronunciación llame la atención en determinados ámbitos sociales, no en el Parlamento de la Nación. Dicha pérdida de /-d-/ intervocálica está, asimismo, consolidada en sustantivos y adjetivos: [abogá, atontao]. En esta misma línea, se ha extendido la pérdida de /-d/ final: [Madrí, virtú, usté, verdá], o, en su defecto, la /-d/ se convierte en el sonido representado por la grafía [z: Madriz, verdaz][33]. La extensión del "yeísmo", y la frecuencia de la aspiración o relajación y pérdida de la [-s] implosiva es común y general en las hablas andaluzas, canarias e hispanoamericanas, como, asimismo, es general el "seseo" en dichos territorios, no así el llamado "ceceo".

El habla popular[34], con fuerte presencia en el registro coloquial espontáneo[35] del español general, rechaza, por ser contraria a las tendencias espontáneas del idioma, la conservación de los grupos consonánticos cultos en la pronunciación:

---

[33] Se siguen sintiendo como pronunciaciones vulgares la pérdida de la /-d-/ intervocálica cuando deja al descubierto la contracción de vocales iguales [graná<<<granada, na<<<nada] y, en circunstancias parecidas, la pérdida de la /-r-/ intervocálica [pa<<<para].

En la oralidad, por muy extendidos que se hallen, se siguen sintiendo como vulgarismos las pronunciaciones de [ventidós en lugar de veintidós, trenta por treinta, raal/ral por real, intérvalo por intervalo, cónyugue por cónyuge]. Como es de suponer, el "yeísmo" produce numerosas distorsiones en la grafía, es decir, en la ortografía [queso "rayado" en lugar de "rallado" y cubertería "rallada" en lugar de "rayada"].

[34] Véase J. Polo (1995: 73-99): "Lo oral y lo escrito: lengua hablada, lengua escrita, escritura de la lengua y dicción de la lengua", en Cortés Rodríguez L. (ed.): *El español coloquial. Actas del I Simposio sobre análisis del discurso oral*, Almería, Universidad de Almería.

[35] La fuerte presencia de la oralidad conlleva que rasgos genuinos de la expresión oral informal se inserten en lo escrito como puedan ser los abusos en el uso de las abreviaturas, la utilización de los signos de admiración e interrogación sólo al final del enunciado cuando en español se exige su presencia al inicio y final del enunciado, la repetición (o multiplicación) de dichos signos para indicar énfasis en lo que se quiere transmitir; en el mismo sentido, hemos de interpretar la repetición de vocales y la intensificación sea o no escatológica. La ausencia de tildes es otro rasgo más de la oralidad ya que ésta no necesita de la señalación del acento ortográfico.

[tra*s*ferencia por tra*n*sferencia, prod*u*ción por prod*ucc*ión, *se*tiembre por *se*p*t*iembre (la RAE -en el *DPD*: 595- dice al respecto: "(...) pero en el uso culto se prefiere decididamente la forma etimológica *septiembre*"), do*t*or por do*c*tor; de la misma manera, también está extendida la pronunciación de a*z*tor por a*c*tor]. En la agrupación de [t+l], cuando el sonido [t] ocupe la posición final de sílaba, se resuelve en la pronunciación espontánea popular como si fuera el sonido [z] o [d]: a*t*lántico >>>a*z*lántico o a*d*lántico y en el grupo [b+m] se tiende a la igualación del sonido [b] con la nasal posterior: su*b*marino>>>su*n*marino. La grafía [x], equivalente al sonido [gs], se suele pronunciar como si se tratara del sonido representado por la grafía [s] tanto ante consonante como entre vocales: exterior>>>e*s*terior, examen>>>e*s*amen. El habla popular destaca, asimismo, el acento enfático con el fin de subrayar una parte de un enunciado que pueda quedar incomprendido o para destacar una sílaba tónica o simplemente átona[36]: [l*á* ministra que llegó *é*n *e*l avión].

En el plano morfosintáctico[37], aparecen plenamente consolidadas las tendencias apuntadas a partir de la segunda mitad del siglo XX, aunque algunas de ellas fuesen consideradas

---

[36] Véanse al respecto: A. Quilis (1997: 71-73): *Principios de fonología y fonética españolas*, Madrid, Arco/Libros, D. Poch Olivé (1996:193-201): "Aspectos fonéticos del español hablado", en Briz, A. *et al.* (eds.): *Pragmática y gramática del español hablado*, Valencia, Universidad de Valencia y J. Gil Fernández (2007): *Fonética para profesores de español: de la teoría a la práctica*, Madrid, Arco/Libros.

[37] M.ª Luisa Regueiro Rodríguez (2008: 68-131): "El español en la prensa: aspectos morfosintácticos", en A. Arroyo Almaraz (coord.): *La lengua española en los medios de comunicación y en las nuevas tecnologías*, Madrid, Ediciones del Laberinto. Véanse, además, Milagros Aleza Izquierdo (coord.) (2006): *La lengua española para los medios de comunicación: usos y normas actuales*, Valencia, Tirant Lo Blanch y M.ª Victoria Romero (2000, 4.ª ed.): *El español en los medios de comunicación*, Madrid, Arco/Libros y (coord.) (2002): *Lengua española y comunicación*, Barcelona, Ariel.

como usos anómalos en la norma de cultura de la lengua española[38].

En el morfema de género[39], aparte de la presión social y política por establecer en el uso la oposición de sexo en determinadas profesiones mediante procedimientos formales (concejal/concejala (la concejal), cónsul/consulesa (la cónsul), líder/lideresa (la líder), alcalde/alcaldesa, presidente/presidenta (la presidente),ministro/ministra...)[40], son cada vez más numerosas las palabras de género femenino acabadas en [-o: *libido*, *polio*,

---

[38] Véanse, entre otros, los trabajos de Alarcos Llorach (1994): *Gramática de la lengua española*, Madrid, Espasa Calpe; Rafael Lapesa (1996: 343-465): "Nuestra lengua en la España del siglo XX", en *El español moderno y contemporáneo*, Barcelona, Crítica; F. Lázaro Carreter (1997): *El dardo en la palabra*, Barcelona, Círculo de Lectores y (2003): *El nuevo dardo en la palabra*, Madrid, Aguilar; E. Lorenzo (1980): *El español de hoy, lengua en ebullición*, 3ª edc., Madrid, Gredos y (1999): *El español en la encrucijada*, Madrid, Austral; Ramón Sarmiento (1997): *Manual de corrección gramatical y de estilo*, Madrid, SGEL y A. Mª. Vigara Tauste (1992, 2ª edc. 2005): *Morfosintaxis del español coloquial. Esbozo estilístico*, Madrid, Gredos.

[39] Véase el excelente artículo de Ángel Cervera Rodríguez (2009:99-132): "Configuración gramatical y orientación pragmática del nombre en español", *Revista de Filología Románica*, Vol. 26, Facultad de Filología, UCM.

[40] Así, por ejemplo, *jueza* sería la realización políticamente correcta y no *la* juez ["Más *juezas* que jueces/ una juez/ la petición de la *jueza*", todo ello aparece en el mismo artículo de El País, 22-04-2008; Sin embargo, hemos de anotar que la palabra *jueza* es de uso general en Argentina, Chile y Venezuela, entre otros países de Hispanoamérica. El mismo día, en el mismo diario, podíamos leer: "La ex jefa de urgencias del hospital RyC"].

Según la *Nueva gramática de la lengua española* (RAE: 2009: I:103-105), el uso prefiere: la sacerdote frente a *sacerdotisa*, la poeta frente a *poetisa*, la cacique frente a la *cacica*, la conferenciante frente a la *conferencianta*, la delineante frente a la *delineanta*, la bachiller frente a la *bachillera*, la fiscal frente a la *fiscala* (aunque es frecuente en Paraguay), la capataz frente a la *capataza*. En determinadas profesiones como médico, la sociedad o las propias profesionales prefieren el término de una médico/la médico frente a *médica*.

La *Gramática* académica no acepta en el uso la variante en –a en: *amante*, *concursante*, *delincuente*, *descendiente*, *informante*, *manifestante*, *penitente*, *pretendiente*, *representante*, *televidente*, *terrateniente*, *traficante*, *viajante*...

modelo, modisto] y las de género masculino acabadas en [-a: *pijama, tranvía, planeta*][41].

En relación a las secuencias *este hacha, ese aria, el otro ave, todo el hambre, poco agua, el primer aula, el mismo arma,* la *Nueva gramática de la lengua española* (2009: I, 83) afirma: (...) "Pese a que estos usos se han extendido mucho en los últimos tiempos y se documentan con cierta frecuencia en los textos, no se consideran correctos, puesto que se producen como consecuencia de una confusión en la concordancia de género. Lo adecuado es, por tanto, *esta hacha, esa aria, la otra ave, toda el hambre, poca agua, la primera aula, la misma arma*"[42].

El género no marcado en español es el masculino por lo que "en la designación de seres animados, los sustantivos de género masculino no solo se emplean para referirse a los individuos de ese sexo, sino también –en los contextos apropiados–, para designar la clase que corresponde a todos los individuos de la especie, sin distinción de sexos

(...) En el lenguaje de los textos escolares, en el periodístico, en el de la política, en el administrativo y en el de otros medios oficiales, se percibe una tendencia reciente (de intensidad variable, según los países) a construir series coordinadas

---

[41] Ya advertía A. Zamora Vicente (*Dialectología española*, 2.ª ed. Madrid, Gredos, 1967: 431-432) lo siguiente: "El español americano tiende a hacer más notoria que el peninsular la innovación de hacer adjetivos o nombres femeninos a voces que no tienen distinción genérica (*huespeda, tenienta, parienta, estudianta),* o bien el caso contrario (*bromisto, pianisto*). Así se encuentran, por ejemplo, voces como: *diabla, federala, liberala, intelectuala...* [...] Del caso opuesto son, entre otros, *hipócrito, cuentisto, maquinisto, telegrafisto".* La *Leala* es el nombre de una calle del barrio de Arroyo de la Miel, en la ciudad de Benalmádena (Málaga).

[42] Desde mi legítima percepción del habla de los jóvenes y no tan jóvenes en el español peninsular, la prescripción académica ha perdido su valor sincrónico, ya que la secuencia *este aula, este hacha* es de uso universal en el español peninsular, incluidas las capas sociales profesionales, es decir aquellas que se han formado en la Universidad y, por supuesto, como tal aparece en la prensa; es decir, en la península se ha convertido en lo general, dentro del ámbito de la norma de cultura, ya que lo dicen las capas sociales urbanas y no urbanas formadas en la Universidad.

constituidas por sustantivos de persona que manifiesten los dos géneros: *a todos los vecinos y vecinas...*

(...) El circunloquio es innecesario cuando el empleo del género no marcado es suficientemente explícito para abarcar a los individuos de uno y otro sexo, lo que sucede en gran número de ocasiones: *Los alumnos* de esta clase (en lugar de *Los alumnos y las alumnas*) se examinarán el jueves "[43].

En el morfema de número se ha generalizado en el español peninsular la tendencia a formar el morfema de plural con el alomorfo [-s] para todas las palabras acabadas en vocal tónica, inclusive las acabadas en *í* y *ú* tónicas [*esquís, menús*], exceptuando el plural de los gentilicios acabados en dichas vocales [marroquíes, hindúes]. También se ha generalizado el morfema de plural en [-s] en los extranjerismos acabados en consonante [*bit>>>bits, clip>>>clips*] al igual que en los latinismos [*factótum>>>factótums, superávit>>>superávits*][44].

El acortamiento léxico es una realidad en el habla[45]: *depre*(sión): "estar con la *depre*", *narco*(tráfico): "se ha detenido

---

[43] *Nueva gramática de la lengua española* (2009: 85-87).

[44] La *Nueva gramática* académica recomienda (Vol. I: 141) *júniores* (y no *júniors*) como plural de *júnior*. "De forma paralela, el plural más extendido de *sénior* es *séniors*, pero se recomienda la variante regular *séniores*". Para una mayor comprensión del tema, véase J. Sánchez Lobato (2009: 203-218): "Problemas de morfología: el número en los extranjerismos", en J. Sánchez Lobato, Vidal Alba de Diego y Raquel Pinilla, op. cit.

[45] Dichas formas han pasado a los medios audiovisuales, a las redes sociales de comunicación y a la prensa como rasgos del registro coloquial en la información.

"Al ámbito de la vida social pertenecen sustantivos que designan diversos tipos de relaciones: *alterne, calentón, casorio, ligue, lío, morreo, rollo, vacile,* etc.

(...) Apelativos y denominaciones genéricas o específicas de personas (*chai, chaval, chavea, elementa, elemento, en bolas, maciza, parienta, personal, tía, tío*); voces relativas a cualidades, juicios de valor o aspectos despectivos, mitos sociales o formas de vida (*bombón, chanchi, chipén demasié...*); objetos novedosos, modas y costumbres en boga (*bailoteo, bocata, bólido, cubata, cháchara...*); verbos y locuciones (*comerse una rosca* o *un colín, desmadrarse, hacer manitas*), forman parte del léxico que se ha instalado en los medios a unos *narcos"*, *dire*(ctor): "me ha llamado la atención el *dire"*, así como el uso y abuso de palabras *ómnibus*: *rollo, chungo, cosa* La supresión del artículo ante sustantivos, aunque en América está muy extendida, aparece en los medios de comunicación dedicados al fútbol ("corre por banda derecha"). Ha pasado a la lengua general peninsular –en territorios americanos era un hecho corriente– la estructura de [adverbio + posesivo]: encima *nuestro*, debajo *suyo*, delante *mío*, y se ha desarrollado la *adverbialización* del adjetivo en estructuras de [verbo + adjetivo]: hablar *claro*, trabajar *duro*, jugar *limpio*, cantar *lindo*...[46].

No menos importante es la instalación en los medios de comunicación (y en las redes sociales de comunicación) de determinados usos de la preposición *a* (cocina *a* gas, problema

---

de comunicación". Véase, Ramón Sarmiento González y Fernando Vilches Vivancos (op. cit., 2004:44-52).

[46] La *Nueva gramática de la lengua española* (2009: I: 1360-1361) afirma: "Se extiende el uso de los posesivos tónicos a secuencias en que se combinan con un grupo reducido de adverbios de lugar que admiten complementos preposicionales. Las tres pautas que se obtienen son las siguientes:
A. "adverbio+ [*de* + pronombre personal]": *delante de ella*;
B. "adverbio+posesivo tónico masculino" : *delante suyo*;
C. "adverbio+posesivo tónico femenino: *delante suya*.
La variante que se considera preferible es la *A*, que pertenece a la lengua común en todas las áreas lingüísticas
La opción *B* es propia de la lengua coloquial y percibida todavía hoy como construcción no recomendable por la mayoría de los hablantes cultos de muchos países. Sin embargo, se ha ido extendiendo a otros registros, en diferente medida según las zonas hispanohablantes. Se atestigua esta pauta con *delante, detrás, cerca* (no tanto *lejos*), *encima* (más raramente con *debajo*) y *enfrente*, además de con *alrededor* que...
La variante *C* es mucho menos frecuente que la *B* en los textos, y está más desprestigiada que esta".
En España, según nuestra opinión constatada mediante encuestas anuales a los jóvenes que estudian en la Facultad de Filología de la Universidad Complutense, el habla de las personas jóvenes, procedentes de ambientes cultos y de formación universitaria, siempre utiliza la opción *B* (también, en la escritura), pese a que la *Nueva gramática* académica *no la recomienda* (el subrayado es nuestro).

a resolver), la generalización de [a + por][47] (voy *a* por mi hijo), la extensión de *en base a, a nivel de*[48] y de *sobre* con valor de *hacia, a* (el delantero tiró *sobre* la puerta) y la propagación del llamado *dequeísmo* (opino *de* que, me consta *de* que); asimismo, es importante destacar el empleo de *vía*[49] como preposición (hice el viaje *vía* Madrid, se puede conseguir *vía* el consenso) y la pérdida de *de* en la secuencia [de + complemento] (calle Alcalá, la mesa la cocina)[50].

---

[47] "La combinación *a por* es característica de España y percibida como anómala en América. Se construye generalmente con verbos de movimiento y con términos nominales que designan lo que se busca o se persigue", *Nueva gramática de la lengua española* (2009: II: 2250).

[48] E. Náñez (1988: 459-479): "Sobre el ligamento prepositivo", en *Homenaje a Alonso Zamora Vicente*, I, Madrid, Castalia.

[49] La *Nueva gramática de la lengua española* (2009: II: 2232) afirma: "(...) El uso como preposición del sustantivo *vía* es el resultado de una proceso de gramaticalización, ya que el significado que expresa permanece en forma más abstracta en su uso preposicional. El origen nominal de la preposición se percibe con claridad en ciertos avisos de carreteras, como *México-Guadalajara, vía corta*.

En la lengua de la política, la jurisprudencia, el periodismo y en otras manifestaciones escritas propias de los registros formales, se usa hoy *vía* como equivalente de *mediante* o de *a través de*, por tanto, con complementos nominales que no designan únicamente lugares. Aunque no se considera incorrecto este uso (...), *se tienen por más apropiadas las otras partículas mencionadas* (el subrayado es nuestro).

Se está generalizando, asimismo, la construcción "*por vía* + adjetivo" en casi todos los registros mencionados, como en *un rescate por vía aérea*, en lugar de *un rescate vía aérea*".

[50] En los medios de comunicación nos encontramos con un número abundante de *solecismos* orales que se hallan plenamente instalados en la comunicación escrita.

Entre ellos destacamos:

Prepositivos: "*A la mayor brevedad" por "con la mayor brevedad"
    "*A lo que se ve" en lugar de "por lo que se ve"
    "*Echar a faltar" por "echar en faltar"
Léxicos: "*Entrar las sillas" por "meter las sillas"
    "*Hacer la siesta" por "echar la siesta"
    "*Campo a través" por "a campo traviesa"
Cultismos: "*De ex profeso" por "ex profeso"

O sea se equipara en la lengua general a "de modo que", "así que" (mañana es fiesta, *o sea*, iremos a la sierra), *vale* ha adquirido sentido de "está bien" (¿Quieres comer? *Vale*), *venga* significa "saludo de cierre", equivalente a "vale" o "hasta luego" (Nos vemos a las siete. *Venga*).

Asimismo, han pasado, desde nuestra perspectiva, a la lengua general de los medios de comunicación tanto orales como escritos en España multitud de redundancias expresivas que pertenecen a la lengua coloquial como "bajar *abajo*", "salir *afuera*", entrar *adentro*", subir *arriba*", "estás diciendo un disparate *sin sentido*", "llegaron a la unanimidad *total*", como *pleonasmos* con los que se quiere dar gracia o vigor a la expresión: "como colofón *final*", "persona *humana*", "accidente *fortuito*", "volar *por el aire*", *anacolutos*: "yo soy de los que *creo*" por "yo soy de los que creen", "un vecino *que su padre es taxista*" por "un vecino cuyo padre es taxista" y *perífrasis* que equivalen a circunlocuciones con el fin de amplificar el lenguaje o aproximarlo al lenguaje administrativo: "dar autorización" por "autorizar", "hacer acto de presencia" por "presentarse, aparecer", "poner de manifiesto" por "manifestar", "tomar un acuerdo" por "acordar", "poner fin" por "finalizar, terminar"[51].

La intensificación ha desarrollado diferentes recursos lingüísticos muy extendidos en la lengua general como ("estar fenómeno", "estar como un tren", "estar súper", "estar chungo", "estar de puta madre, de miedo, de espanto", "ser la leche", "se cantidad de graciosa") que, además, han dado pie a nuevas estructuras atributivas. "¡Qué gozada!", "¡que pasada!", "¡qué guay!" están en boca de todos los jóvenes (y ya menos jóvenes) como un sinnúmero de locuciones: ("había cantidad de gente, gente por un tubo, a punta (de) pala, tengo la tira de discos, esto es tela de caro, la mar de caro, una barbaridad de caro,

---

"*De motu propio*" por "motu propio"
"*Status quo*" por "statu quo".

[51] Por supuesto, los neologismos constituyen un manantial léxico: *sponsor* (patrocinador), *posibilitar* (permitir), *colisionar* (chocar), *overbooking* (saturación, sobreventa, sobrecontratación), *priorizar* (dar prioridad).

esto está chungo, llegó un pelín tarde, te quiero mogollón/ mazo, vivir a todo trapo, a todo pasto, ir a toda pastilla, a todo gas, vivir a lo bestia"). Se ha originado, asimismo, un creciente número de oraciones intensivas ("tiene un morro que se lo pisa, tiene una cara de estúpido que no se lame, hace un frío que te cagas, que te caes de culo, que te caes de espaldas"); también se sigue la intensificación mediante el prefijo "*súper*-(guapa, bien, estupendamente, follón, movida") y con los sufijos *-azo/a*: "roll*azo*", "coñ*azo*", *-eras*: "voc*eras*", *-oso*: "cant*oso*" y *-amen*: "empoll*amen*", "musl*amen*".

En el paradigma verbal hallamos en el español de hoy una acentuada reducción (neutralización) de tiempos en favor de los del modo indicativo que, indudablemente, simplifican las opciones de uso y proyectan una predeterminada nivelación del idioma. Cuestión aparte es la pérdida de "vosotros" (y otros usos pronominales diferenciados, como el *voseo*) a favor de "ustedes" en el escenario hispanoamericano, canario y andaluz.

Conviene resaltar el empleo de la forma analística [ir a + infinitivo: "voy a cantar"] –general en Hispanoamérica, también allí lo es [haber de + infinitivo] en lugar del futuro sintético– para expresar la idea de futuro en lugar de la forma "cantaré". El uso del presente de indicativo con valor de futuro ("mañana voy de excursión", "esta tarde voy de compras") se ha propagado por toda la península al igual que el uso del presente de infinitivo por el presente de imperativo con su propio valor, aunque se siga escribiendo que dicho uso constituye un vulgarismo ("¡Chicos, seguirme y callar!")[52], como el uso del

---

[52] La *Nueva gramática* académica (2009: II: 3135-3136) dice al respecto: "(...) Estos infinitivos imperativos se evitan en los registros formales, en los que se prefieren las formas *Cállense*; *Siéntense*...(...) Se recomienda evitar en la lengua escrita expresiones como *¡Venir a echarme una mano!*, en lugar de *¡Venid (o Vengan) a echarme una mano!*, o *¡Darle lo que os pida!*, en lugar de *¡Dadle lo que os pida!* [ ] El infinitivo se usa a menudo en fórmulas de sentido exhortativo en la comunicación escrita informal: *No contestar por correo electrónico*; *Revisar el contenido periódicamente*, etc. Y también en otras variantes de la lengua escrita, por ejemplo los textos escolares: *Ordenar alfabéticamente las siguientes palabras*; *Resumir el texto que aparece a*

gerundio en construcciones del tipo: "El coche volcó, muriendo sus ocupantes" y en "Se necesita secretario, sabiendo inglés"[53]. La propagación de la perífrasis [estar + siendo + participio: "La subida del IVA está siendo aprobada en el Congreso"] se ha visto consolidada por la influencia y presencia del lenguaje administrativo y político en los medios de comunicación.

Es necesario destacar, asimismo, la extensión de la secuencia [se + verbo, 3ª persona] para la formación de la pasiva refleja: "Se compran coches" y, cuando se trata de la tercera persona del singular, para la expresión de la impersonalidad:

---

continuación. Estas expresiones se suelen considerar poco apropiadas en otros registros formales.

Asimismo (pág. 3137), recomienda "(...) evitar el empleo del infinitivo precedido de *no* como forma de imperativo: *No hablar de eso* (por *No hablen de eso* o *No habléis de eso*). No hay imperativo, en cambio, en ¡Ni hablar! Y otras secuencias análogas que constituyen fórmulas de rechazo y acuñadas. (...) Sin embargo, se aceptan más fácilmente estas expresiones imperativas formadas con infinitivos cuando se dirigen a interlocutores no específicos, como sucede en carteles y rótulos:

Y era una casa tan pequeña, que parecía una de esas casetas donde se encierran los transformadores de la electricidad y en cuya puerta hay una puerta con una calavera: "No tocar, peligro de muerte" (Jiménez Lozano, *Grano)".

[53] *Nueva gramática de la lengua española* (2009: 2061-2062 y 2085) "Se llama tradicionalmente GERUNDIO DE POSTERIORIDAD al que designa una situación posterior a la expresada por el predicado principal. [ ] Se considera hoy incorrecto cuando introduce una mera sucesión temporal, como en *Estudió en Santiago, yendo* (en lugar de... *y fue) después a Bogotá...*

(...) La expresión *no siendo que* (por *no sea que* o *no vaya a ser que*), que expresa posterioridad, carece hoy de prestigio en la lengua culta, por lo que no se recomienda".

Se observa en el español actual de todas las áreas que crece el número de gerundios utilizados como expresiones denominativas: títulos de libros, películas, obras de teatro, programas de televisión, direcciones de internet y otros textos, sean o no literarios, como *Buscando el camino...*, *Gestionando a través de proyectos* o en los siguientes títulos: *Interpretando el futuro*; *Buscando a Rita*; *Bailando con lobos* (...) Es probable que la extensión de los gerundios a todos estos contextos esté influida por el inglés".

"Se vive bien aquí" [54]que, en el español actual, se ha visto notablemente incrementada con el procedimiento de la segunda persona del singular: "Te levantas temprano, preparas a los niños, haces la casa, vas al mercado, preparas la comida, empleas toda la mañana en la casa y, encima, no te lo agradecen"[55]. Por el contrario, cada vez se oyen con mayor asiduidad (y, por supuesto, con mayor difusión) secuencias que deshacen la impersonalidad: "Habían allí muchas personas", "Han habido demasiados problemas", "Ayer hicieron tres años que gané el campeonato"[56].

---

[54] La *Nueva gramática* académica (2009:3091-3092) escribe "(...) Las pasivas reflejas pueden tener como sujeto oraciones sustantivas, sean de infinitivo (*Se prohíbe fumar*; *Se decidió premiarla*) o con verbo en forma personal (*Se dice que habrá pronto elecciones...*). (...) Se recomienda evitar oraciones como *Cuando se desean obtener éxitos que están fuera de nuestro alcance*, en lugar de la forma correcta *Cuando se desea obtener éxitos*", puesto que esta oración es pasiva refleja y su sujeto es la oración de infinitivo *obtener éxitos que* Así que se consideran incorrectas oraciones como *Se esperan alcanzar las quinientas mil firmas necesarias para el referéndum*; *Se necesitan sumar diez positivos en la primera vuelta del campeonato...*

[55] Emilio Lorenzo (1999: 118) afirma: "En nuestra experiencia particular, creemos que la emergencia y difusión del *tú* impersonal tiene cuño levantino. Con los años hemos observado su propagación a puntos de toda España y la invasión general de Madrid", "Relación interpersonal y expresión impersonal", en *El español en la encrucijada*, Madrid, Austral, págs. 115-140.

[56] La doctrina de la *Nueva gramática de la lengua española* (2009: 3063) apunta lo siguiente: "(...) El verbo *haber* se usa como impersonal en español tanto si se refiere a la presencia de fenómenos naturales: *Hay {truenos, relámpagos }* como de cualquier otra realidad: *Había poco tiempo*; *Sigue habiendo problemas...*

(...) Al ser *haber* un verbo impersonal transitivo, se espera que no concuerde con su argumento, ya que este desempeña la función de complemento directo. Aun así, se atestiguan numerosos casos de concordancia tanto en el español europeo (especialmente en el hablado en el este y el sureste de España) como en el americano. Se observa que el fenómeno está hoy en expansión, con intensidad algo mayor en América que en España.

(...) Se observa asimismo que la proporción de los usos concordados es mayor en la lengua periodística que en otro tipo de textos: Abrieron fuego contra la muchedumbre de refugiados, entre los que *habían* ancianos, mujeres

En cuanto a las formas temporales del paradigma verbal en el modo indicativo, la oposición *había/hubo cantado* apenas si tiene vigor en la interactuación lingüística del español actual, ya que, por lo general, sólo se usa *había cantado* por la desaparición paulatina de *hubo cantado* en el registro coloquial del discurso[57]. De igual manera, se ha ido extendiendo la confusión al par *he cantado/canté* a favor del pretérito perfecto simple en tierras de Galicia y en las regiones de habla leonesa-asturiana al igual que en tierras de Hispanoamérica o, por el contrario, en otras zonas, la confusión del par *he cantado/canté* selecciona la forma *he cantado* en detrimento de *canté*[58]. Las formas temporales *cantare/hubiere cantado* han sido desplazadas (salvo arcaísmo literario, o por determinados usos jurídicos o reglamentaciones o normas) en el español actual por las formas del presente de indicativo/imperfecto de subjuntivo y pluscuamperfecto de subjuntivo respectivamente ("Si *hubiere*

---

y niños (*País*, 1/10/1999); Se concluye que durante el curso de la Reforma Agraria *hubieron* normas de apoyo y garantías de este proceso (*Tiempos*, 2/12/1996)...

(...) Se recomienda en todos los casos el uso no concordado de *haber*, por tanto, *Hubo dificultades*, en lugar de *Hubieron dificultades*; *Había suficientes pruebas para incriminarlos* y no *Habían suficientes pruebas para incriminarlos*, etc.

[57] Véanse, entre otros, Alarcos Llorach (1975: 24, "Otra vez sobre el sistema verbal español" en *Homenaje a la memoria de D. Antonio Rodríguez Moñino*, Madrid, Castalia, págs. 9-26) y Alcina Franch y Blecua Perdices (1975: 803, *Gramática española*, Barcelona, Ariel).

La *Nueva gramática de la lengua española* (2009:1789) al respecto escribe: "(...) El pretérito anterior es de muy escaso uso en la lengua oral, pero se emplea todavía ocasionalmente en los registros más cuidados de la escrita".

[58] *Nueva gramática de la lengua española* (2009:1722): "(...) En el español de Chile o de gran parte de la Argentina, la oposición se neutraliza a favor del pretérito perfecto simple, con un uso semejante al que se da en el noroeste de España y en las islas Canarias. En estas zonas, el pretérito perfecto simple sustituye al compuesto, con independencia del valor temporal o aspectual de la acción. En el español costeño peruano y el andino boliviano suele darse la neutralización de la oposición en sentido contrario al descrito anteriormente, ya que es el pretérito perfecto compuesto el que sustituye al simple".

alguna carta>>>Si *hay* alguna carta/Si *hubiera* alguna carta", "Si *hubiere llegado* alguna carta>>>Si *hubiera/hubiese llegado* alguna carta")[59]. En el español actual es general, también, la paulatina reducción de los tiempos del modo subjuntivo a favor de los del indicativo (y de otros recursos lingüísticos), quizá porque el aspecto subjetivo que introduce el modo subjuntivo en la acción verbal y modal sea redundante y, a veces, complicado de matizar en una comunicación espontánea y rápida como la que aparece en la interlocución oral y en los medios de comunicación orales y audiovisuales: "No creo que *venga*>>>Creo que no *viene*"; "Quizá, acaso *vaya*>>>Igual, a lo mejor *voy*"; "Cuando *tenga* tiempo, te escribiré>>> Si *tengo* tiempo, te escribiré"[60].

Mención especial se ha de dispensar a los fenómenos lingüísticos de neutralización en el paradigma verbal cuando se trata de expresar la cortesía interaccional: ["*Quería* un poco de fruta, *querría* un poco de fruta, *quisiera* un poco de fruta"][61],

---

[59] En la *Nueva gramática de la lengua española* (2009:1812-1815) se afirma que ha sido sustituido por el imperfecto de subjuntivo y el presente de indicativo ya que "ha caído hoy en desuso en la lengua oral de todas las áreas lingüísticas, con la excepción de algunos núcleos rurales de las islas Canarias (España) y de algunos países del área caribeña".

"(...) El futuro simple de subjuntivo se registra hoy con profusión en leyes, normas, reglamentos y otros textos de carácter oficial que se caracterizan por su lenguaje arcaico, (...) así como en fórmulas rituales ("Si así no lo *hiciereis*, Dios y la patria os lo demanden"), refranes ("Adonde *fueres*, haz lo que *vieres*").

El uso de *hubiere cantado* se documenta hoy en el mismo tipo de textos que se analizaron para *cantare*.

[60] El proceso apuntado sigue su marcha como puede comprobarse en las oraciones completivas dependientes de verbos de deseo: "Espero que la situación *siga* mejorando>>>Espero que la situación *seguirá* mejorando".

[61] Para la *Nueva gramática de la lengua española* (2009:1749) "El alejamiento o distanciamiento –sea real o ficticio– caracteriza también el llamado imperfecto de cortesía, con el que se introducen situaciones que se interpretan en presente, como en *Yo...venía a pedirle un favor* (Buero, Valmy.). Cuando se expresan los deseos, es habitual que el imperfecto de cortesía alterne con el condicional simple (*deseaba-desearía*).

y a la neutralización de la oposición *cantaba/cantaría* en las oraciones en las que el imperfecto participa de un valor de futuro: ["Me han dicho que *venía* a las cinco"][62]. También va tomando cuerpo en el estilo periodístico –sin duda es un reflejo del lenguaje político y administrativo– el llamado "condicional del rumor": "(...) Se ha llamado CONDICIONAL DEL RUMOR a la variante del condicional de conjetura que se usa a menudo en el lenguaje periodístico para presentar las informaciones de forma cautelosa o dar noticias no suficientemente contrastadas. En estos casos se obtienen paráfrasis con presentes o con imperfectos: *Se trata, en suma, de evitar que haya partidos que vean en la aprobación de las propuestas autonómicas de CIU el precio que el Gobierno estaría* [="probablemente está o estaba"] *pagando a cambio del apoyo de los nacionalistas...*[63]. Es general, por supuesto, la tendencia a la economía lingüística en el uso del paradigma verbal con la no utilización de determinadas oposiciones temporales y modales a favor de los tiempos simples del modo indicativo:["Si sé que estás en la cama , no vengo" en lugar de "Si *hubiera/hubiese sabido* que estabas en la

---

[Como señala también la *Nueva gramática de la lengua española* (2009:1785]: "(...) La alternancia entre CANTARA y CANTARÍA se da en el español general con los auxiliares *poder, deber* y *querer* en la perífrasis verbales:{*Deberías-Debieras*} *prestar más atención*; (...) Con el adverbio *más* y los verbos *querer, valer* y otros similares se forman expresiones en las que también alternan CANTARÍA y CANTARA, como en ¡*Qué más* {*querría-quisiera*} *yo!* o en *Más te* {*valdría/valiera*} *hacer eso.*

[62] La *Nueva gramática de la lengua española* (2009:1751) apunta que "El valor citativo del pretérito imperfecto está estrechamente relacionado con el pretérito prospectivo, característico de los sucesos anunciados, planificados o previstos, hasta el punto de que algunos autores no hacen distinción entre estos dos usos. El que afirma *En principio, mi avión salía mañana a las 23.50* o pregunta ¿*A qué hora empezaba la película de esta noche?* Se refiere indudablemente a hechos del futuro, pero también a sucesos anunciados o previstos. (...) Algunos autores distinguen hoy este uso del pretérito imperfecto, con el que se alude a la planificación o previsión pasada de algo, del imperfecto de sentido condicional, mientras que otros identifican ambos usos: *Mi avión* {*salía-saldría*} *mañana*".

[63] *Nueva gramática de la lengua española* (2009:1782).

cama, no *hubiera/hubiese/habría venido*"; "Si lo sé, no vengo" en lugar de "Si lo *hubiese sabido*, no *habría venido*"].

Sería prolijo enumerar todas las tendencias que en la manifestación hablada del español coexisten ya que, como tal, el empeño sería baldío, debido sin duda a su multiplicidad. Nos hemos detenido en analizar aquellas que ya están consolidadas en una mayoría de hablantes de la península, al menos aquellas que están contenidas en (o se acercan a) la norma de cultura, a la norma lingüística de prestigio en alguna de las áreas en donde el español es lengua materna. Hemos certificado el español (y su uso), desde la perspectiva de la norma culta peninsular, en la manifestación hablada y en la manifestación escrita a través de los medios sociales de comunicación y hemos constatado que la inmediatez, la rapidez y espontaneidad de los ritmos y pautas de la conversación se han impuesto a cualquier otro modelo de lengua, inclusive al literario por muy prestigioso que haya sido en el pasado.

EL ESPAÑOL EN LA RED: ANÁLISIS DE UN DESPROPÓSITO

Fernando Vilches
Ramón Sarmiento
Universidad Rey Juan Carlos

INTRODUCCIÓN: LA INVISIBILIDAD DEL ESPAÑOL EN INTERNET

Para muchos, las nuevas tecnologías ligadas a la Red y al teléfono móvil están acelerando los cambios en el lenguaje y, como consecuencia, destrozando nuestra lengua. Se estima que más de mil palabras nuevas por año tienen relación con el ordenador (el PC), con el chip o con la telefonía móvil. Estos lingüistas preocupados advierten de que la invasión actual es mayor y más infecciosa que nunca, por su rápida expansión a través de la Red. Al nuevo lenguaje que trae el mundo anglosajón de la mano de las nuevas tecnologías (TIC) y de la nueva economía, se une el fomento de la telefonía móvil, especialmente los envíos de SMS, que facturan al año cantidades desorbitadas. En esta nueva forma de comunicación, abundan más los signos que las letras, más las consonantes que las vocales ("kda kmg sta nch, xq ms pdrs no stan, salu2 = queda conmigo esta noche, porque mis padres no están, saludos").

Este fenómeno, se nos dice, no sin alarma, está afectando a todas las lenguas más habladas del planeta y, en especial, al español, que no tiene ninguna protección por parte de las autoridades, como ocurre en la vecina Francia. Y, sin embargo, en relación a nuestra lengua, que es una de las cuatro más habladas en el mundo, hemos de señalar que su presencia en la Red no se corresponde con esa posición de privilegio, con la enorme comunidad de hispanoparlantes existente, la mayoría de lengua materna.

Se calcula que existen unos 500 millones de internautas. De ellos, 22 millones utilizan el español (4,5%) frente a 220 millones (45%) que usan el inglés. Se estima que se pueden encontrar unas 2.200 millones de páginas web: 1.400 millones están en inglés y 120 millones en español, tan solo un 5%. Además, si dividimos el número de usuarios entre el número de páginas existentes en un idioma determinado, el español en la Red alcanza una ratio ínfima, el 0,58, que sigue estando lejos del inglés, 1,47, lo que parece lógico, pero también de otros idiomas como el francés (1,25) o el alemán (1,23), con un número bastante inferior de hablantes en el mundo del siglo XXI.

Estos datos se van incrementando día a día, y la Red se ha convertido en uno de los canales más importantes en el proceso de comunicación humano, hasta tal punto de que no es raro ver a personas que han sustituido los métodos tradicionales de relacionarse por aquellos que ofrecen Internet y sus derivados.

El mundo de la informática está ya al alcance de la mayoría, no como hace unos años, que tener un ordenador de sobremesa era un lujo. La Red ha ido creciendo exponencialmente con motivo de su universalización y ha afectado muy sensiblemente a la información y al conocimiento. Organizaciones como la *FUNDACIÓN VODAFONE ESPAÑA* luchan por evitar lo que hoy se podría llamar la brecha digital o tecnológica, referida principalmente al acceso a las Tecnologías de la Información y de la Comunicación.

Naturalmente, como en todo proceso de comunicación, es necesaria la existencia de un código. Aparte del medio imprescindible para lograr esta comunicación, el ordenador, que utiliza un código binario, la lengua se perfila como la herramienta más utilizada por los interlocutores del proceso y, en este punto, la presencia del español en la Red no se corresponde con su importancia en el mundo, es decir, con la gran cantidad de personas que hoy lo utiliza (como lengua materna o como segunda lengua) para efectuar todo tipo de intercambios. La escasa presencia del español en Internet se puede comprobar con facilidad. Si entramos en la página oficial de la OTAN, se observa que sólo puede leerse en inglés o en francés; si es la oficial de la OPEP, podemos ver que el único idioma es el inglés cuando no es lengua oficial de ninguno de sus países miembros, entre los que se encuentran, sin embargo, dos de habla hispana como Ecuador y Venezuela.

Cualquier modesto usuario de la Red de redes puede fácilmente comprobar, también, que es muy difícil registrarse en cualquier servidor de correo con un nombre que contenga la letra "ñ", integrante del nombre de nuestro país, ya que no está reconocida internacionalmente para su uso en la Red. Sin embargo, en cualquier teclado barato, encima del 4 y del 6 encontramos símbolos ingleses tan internacionales y asimilados como son "$ y &". El del euro es de muy reciente factura. De todo ello colegimos el extraordinario poderío del inglés y el enorme camino que le queda por recorrer a la lengua española.

La situación para que cambie esta tendencia actual no tiene visos de mejorar; se dice que, hasta que se llegue a los 100 millones de hablantes en los Estados Unidos de Norteamérica, el español será una lengua de segundo orden en la Red, por detrás del mencionado inglés, del chino, del indi, del francés y del alemán.

LA SOMBRA DEL INGLÉS ES ALARGADA: LOS ANGLICISMOS

En la Red, por tanto, las pautas que hay que seguir las marca la lengua inglesa, y buena prueba de ello es el elevado número de anglicismos (que no "anglicanismos", como nos escriben a veces algunos alumnos en los exámenes) que se ve obligado a asimilar cualquier internauta español. Hace tiempo que "escaneamos" documentos (o nos lo escanea quien tiene un "escáner") para luego enviarlos por "e-mail"; sin ser aficionados al vino, muchos españoles adolescentes "chatean" con los amigos; vemos como algo natural leer "blogs" de algunos actores como José Pedro Carrión, el mejor intérprete español de Shakespeare, o de amigos que los han creado; cuando no hemos podido comprar la prensa o ver un informativo audiovisual, nos informamos de las últimas noticias en diarios "online"; no tenemos reparos en instalar un nuevo "software" para sacar el mayor rendimiento a nuestro "hardware"; como tampoco extraña ya grabar un "DVD", usar conexiones "wi-fi" o comprar un teléfono móvil con tecnología "bluetooth" por "ebay"; sin pudor alguno, se nos pide un "transfer" de algún archivo que necesita un amigo, porque lo de 'traspaso' suena a una transacción comercial. Además, para desesperación de algunos, cuando no conseguimos que una "web" se cargue, nos aparece un mensaje en la lingua franca, o sea, en inglés, que nos dice: "error 404, server not found".

Para todo ello, sin duda alguna y siguiendo por este camino sembrado de anglicismos, necesitamos un "training" (anglicismo innecesario que puede sustituirse por términos españoles más adecuados como 'adiestramiento, instrucción, preparación o entrenamiento') para conseguir la destreza necesaria que nos guíe por estos intrincados senderos.

El problema, a nuestro juicio, no es la presencia de muchos de estos términos, necesarios sin duda, en el idioma español para entenderse con otros internautas. Es de sentido común que si vamos a una tienda de informática y pedimos un "aparato que convierte las señales digitales en analógicas, y viceversa, necesario para la transmisión y recepción de datos a través de la red telefónica", el vendedor, todo un especialista, necesite unos segundos para reconocer que le estoy solicitando un "módem", por lo que este acrónimo inglés, adaptado al español, es una solución mucho más útil a todas luces.

Hay que partir de la base de que la lengua es un organismo vivo, evoluciona y se adapta al medio para sobrevivir (las que no lo hicieron las denominamos, con precisión, 'lenguas muertas'). Si cambia el contexto, cambia la lengua. Así, podríamos entender el lenguaje como un ecosistema: si introducimos dentro de él un nuevo elemento, el resto se ve afectado de una u otra forma: unos desaparecerán, otros se transformarán y aparecerán, inevitablemente, elemento nuevos (los temidos, por algunos, neologismos).

Uno de los problemas que acompaña a esta evolución es la precipitación, la rapidez con la que van exigiendo su entrada en nuestra lengua. El otro, probablemente, es que todos los cambios nos vienen impuestos. Ya decía el recordado académico Zamora Vicente que "quien no inventa, no bautiza". Tal vez, la Revolución pendiente de España siga este camino: la falta de recursos dedicados a la investigación que no favorece el bautizo en español y, a veces, más que introducir un término extranjero en nuestra lengua y adaptarlo al genio de nuestro idioma, se produce una adopción precipitada (*banner*, *link*, *search*...) que escandaliza a los defensores de un español menos contaminado (incluso podemos apreciar, en un nivel mucho más modesto, que el vocablo "link" ya no lleva en el texto del ordenador la rayita roja debajo que nos previene contra una palabra ajena al español).

No todos los neologismos desvirtúan, como ya hemos indicado, nuestro idioma. Muchas veces se tiende a confundir barbarismos con neologismos, cuya diferencia principal es que los primeros se instalan porque los individuos que los utilizan no conocen bien su propia lengua o les gusta sentirse 'diferentes' (el tan traído y llevado esnobismo) y castellanizan vocablos de otras latitudes. Ignoran que existen términos en español que sirven para designar el concepto.

Por eso, lo que recomendamos los lingüistas (no puristas) es no abusar de los préstamos y convertir la hermosa lengua de Cervantes en un esperpento nada recomendable. Por ejemplo, es aceptable tener que *hacer doble clic* sobre el botón de iniciar sesión para acceder al correo electrónico, pero resulta ridículo *clickar* o *pinchar con el mouse* para hacer *log in* en nuestro *e-mail* y que nos aparezca en la pantalla, no sin un sobresalto, "Se está *inicializando* la sesión". Casi preferiríamos que la sesión se estuviera "aperturando", que es lo que nos dijo el empleado de nuestro banco cuando fuimos a abrir una cuenta.

Como decía el sabio Aristóteles (qué imprescindibles resultan los clásicos), "virtus in media res", pues, si bien es cierto que algunos de estos préstamos nos ayudan a definir nuevas realidades, otros resultan totalmente prescindibles al existir en español palabras con significado equivalente y al alcance de todos los hablantes de nuestra lengua. Así, pensamos, se pueden aceptar términos como *módem* (acentuado, por supuesto), *bluetooth* o *software* (este último ya ni siquiera tiene la rayita roja a sus pies), pero se deben rechazar otros como *link*, *password* o *wireless* (hasta el ordenador se niega a escribirlo la primera vez y lo sustituye por "gíreles") cuya correspondencia en español es clara (*enlace*, *contraseña* e *inalámbrico*).

Toda esta avalancha de terminología importada empobrece sobremanera el español en Internet y ayuda a devaluar más aún la importancia de nuestro idioma en la Red, autopista dominada completamente por el inglés. Además, las nuevas generaciones de hispanoparlantes, que ya hacen un uso bastante espurio de nuestra lengua, son las más influenciables e influenciadas por esta corriente empobrecedora. Si, como demuestran los datos, el español tiene una magra presencia en Internet, intentemos, al menos, que lo que se escriba esté en el mejor español normativo posible.

LOS CULPABLES DEL DESPROPÓSITO

Se consideraba antaño que los medios de comunicación eran uno de los garantes del buen uso del español. En diarios como *Pueblo*, *El Diario de Barcelona*, *Informaciones* (los tres desaparecidos), o *ABC* o *La Vanguardia* se leían páginas memorables escritas por excelentes periodistas. Los periódicos tenían, además, correctores de pruebas y de estilo. Pero hoy, desafortunadamente, el uso de las nuevas tecnologías y sus consecuencias les están alcanzando hasta el punto de que las ediciones digitales de los periódicos más serios de tirada nacional (me refiero, entre otros, a *La Razón*, *El País*, *El Mundo*, *ABC*, *La Vanguardia*) adolecen de enormes defectos, tanto de erratas como de uso normativo. Y esto, a pesar de disponer casi todos ellos de unos excelentes "Libros de estilo" en los que nada se dice sobre si ha de haber diferencias entre el uso del español en las tiradas impresas y en las digitales.

La Red permite escribir de una forma más directa y desaliñada, y quienes navegan por ella desatienden las normas de ortografía y el respeto a la norma culta que dicta la RAE.

Además, las ediciones digitales de los periódicos basan su diferencia en la inmediatez de la información, y las prisas por publicar cualquier hecho noticioso causan en no pocas ocasiones el descuido de la norma y la corrección de lo escrito, por lo que la calidad de nuestro idioma se ve gravemente afectada, bien por las numerosas erratas, bien por las vergonzosas faltas de ortografía, bien por el descuido de la norma culta o por los curiosos gazapos que llegan a escribirse.

En esta batalla entre la rapidez en la redacción y la corrección lingüística, las primeras bajas son las comas y las tildes. El uso de los signos de puntuación en Internet es libérrimo; parece que se colocan a capricho del autor o según sus capacidades físicas, es decir, que hay abundancia de las llamadas "comas de respiración". Y las tildes, "requiescant in pace", como rezaría un buen sacerdote en cualquier responso de la liturgia tridentina.

Digamos, pues, para repartir las culpas, que "entre todos la mataron, y ella sola se murió".

LOS *BLOGS* Y OTROS APARECIDOS

Podemos, pues, acordar que la omnipresencia de los anglicismos, las apresuradas redacciones de los textos periodísticos digitales, la muerte de las tildes y la desidia de todos tienen su cuota de culpa en este despropósito. Pero la influencia de los *blogs* (de los que se habla en otras partes de este libro) y de la denominada "Web 2.0" ha ayudado mucho al pobre uso de la lengua española en la Red. Actualmente, cualquiera puede crear su blog y escribir en él cuanto le venga en gana, incluso, sin la necesaria reflexión que ha de preceder siempre al acto de la escritura (oficio de buen tino, la catalogaba Fray Luis de León) y la primera consecuencia de todo esto ha sido el deterioro de la calidad, tanto de la forma como del fondo, de los textos que circulan por todo el territorio de Internet.

Ante esta situación, muchas personas anónimas, que sienten la lengua española como un patrimonio heredado que hay que preservar y mejorar para otorgarlo en herencia a la siguiente generación, han creado una plataforma en defensa del buen uso del español en la Red. Como todo el mundo sabe (e, incluso, reconoce) una de las mayores lacras para nuestro idioma es la extensión del lenguaje comprimido del teléfono móvil (debido a la falta de espacio de los mensajes SMS y a su coste, directamente proporcional a la cantidad de signos empleados) a Internet. Tanto es así, que tenemos noticia de que se ha creado un "Comité Contra las Faltas Voluntarias y el Lenguaje SMS" cuyo objetivo es hacer ver a los jóvenes (los mayores usuarios de los SMS), y a los menos jóvenes, la importancia que tiene escribir correctamente fuera de la pantalla del móvil. La gente tiende a pensar, cuando escribe en la Red, que ese espacio limitado del móvil sigue en este medio, y no es así, por lo que se equivoca al utilizar voluntariamente ese lenguaje comprimido y absurdo. Esta psicosis de ahorro les lleva a cometer todo tipo de incorrecciones gramaticales, lo que acarrea una dificultad añadida para la comprensión del mensaje por parte de los poco iniciados en estos códigos nuevos. Afortunadamente, hay sitio para la esperanza: según algunos alumnos nuestros (no lo hemos podido comprobar), páginas tan visitadas como *e-bay. es* eliminan todos aquellos comentarios que contengan faltas de ortografía voluntarias.

Así, el daño que foros, *chats*, *blogs* y otros entornos virtuales causan a la lengua española en la Red es inestimable, porque el acceso a estas páginas está hoy al alcance de la mayoría y, al igual que los periódicos gratuitos, es un medio muy utilizado por emigrantes para aprender o mejorar su español. Veamos algunos ejemplos:

- pero ahy k se un burro ensacao pa kere kita la mujere en bikini de la tv
- y segundo si yo creo k una mujer puede governar el pais por k en nuestro pais la mayoria de gente k ha pasado por el gobierno lo k hace es desvaratar mas la economia
- por que ha las mujeres nos dicen brujas¿?

Estas perlas forman parte de los comentarios a una noticia sobre Hillary Clinton en la página www.elcorito.com. Tienen en común el uso del lenguaje reducido de SMS, con la habitual ausencia total de tildes y signos de puntuación, comienzo de párrafo sin mayúscula, la deficiente redacción y las omnipresentes faltas de ortografía. En estos ejemplos, pocas excusas pueden aducirse, salvo la desidia y el desconocimiento de las reglas más básicas del español que se estudian en la escuela.

Este mal, desgraciadamente, se acentúa en las páginas deportivas que circulan por la Red. Como muestra, elegiremos un texto publicado en www.marca.com/blogs/deportespuntocom, que es el *blog* del conocido periodista Ramón Trecet, en el que la ausencia de tildes es más que llamativa (por mucho menos, un alumno suspendería actualmente un examen en nuestra Facultad):

"Efectuado el sorteo de la fase final de la Copa del Rey, los equipos estan divididos entre los que estan encantados de haber llegado aquí, los que han llegado pero no estan finos y los que a partido unico arrasan con cualquiera. Y de esos ultimos me quedo con el Joventut y Tau para jugar la final".

Además de la anunciada ausencia de tildes, resalta la pobreza de la redacción y la falta de alguna coma ("y, de estos últimos,").

Los políticos, como no podía ser de otra manera, también se han apuntado a la moda de crear sus *blogs* y compartir con el electorado sus opiniones y experiencias. Así, el destacado miembro del PSOE Pepe Blanco deleitaba a su público con un texto cuyo titular rozaba la posibilidad de un descubrimiento mundial digno de aparecer en el *National Geographic*, con el que aprovechaba para meterse con Manuel Pizarro, el último fichaje sorpresa del Partido Popular en las pasadas elecciones generales, que rezaba así: "El tiburón del capitalismo sale de su madriguera"; y decimos descubrimiento mundial, porque se trata de una especie hasta ahora desconocida: el "tiburón-conejo anfibio".

UN NUEVO LENGUAJE ACAECE

La modificación lingüística que se está asentando en los internautas de todo el mundo tiene dos fuentes principales:

- Estructural: se refiere a los nuevos términos surgidos parea denominar las partes de la Red y su funcionamiento, como pueden ser: *Internet, módem, bites, nodos* y *web*.
- Relacional: los términos y expresiones que han surgido del correo electrónico y del *chat*.

Algunas investigaciones sobre el lenguaje de los mensajes electrónicos y del *chat* demuestran que éste último es uno de los que se ha incorporado más rápida y efectivamente al lenguaje cotidiano como sinónimo de "conversar", tan es así, que –ya convertido en verbo– se le encuentra conjugado en todos los tiempos. Se puede afirmar, sin mucho atrevimiento, que estamos asistiendo al nacimiento de nuevos verbos incubados por Internet.

En este mismo ámbito, los acrónimos virtuales también demuestran la transformación del lenguaje a través del uso de Internet. Se trata, en este caso concreto, de siglas que resultan de frases hechas, principalmente en inglés, que se utilizan frecuentemente en las comunicaciones de la Red. Algunos ejemplos podrían ser:

- BBL → be back later (vuelvo después)
- IMHO → in my humble opinion (en mi humilde opinión)
- BRB → be right back (ya regresé)

- BTW → by the way (a propósito)
- ASAP → as soon as possible (lo más pronto posible).

Aunque, en un número bastante inferior, el español va animándose a crear los suyos propios como, entre otros, los siguientes:

- HLV → hasta la vista
- VMT → vuelvo más tarde
- NTPC → ¡no te puedo creer!
- QALE → quedo a la espera.

Pero este nuevo lenguaje no sólo está formado por palabras o siglas, sino también por otros signos que se han hecho muy populares: los "emoticonos", formados por la combinación de letras, números y otros signos del teclado, que tratan de representar rostros con distintas expresiones o distintos tipos de personas. Por ejemplo:

• :-) Significa sonrisa o estar alegre
• :-x Significa beso

Este nuevo lenguaje está creando nuevas formas de comunicación que, a su vez, delimitan nuevas prácticas, nuevos hábitos. En consecuencia, se modifican también de algún modo las formas de vida y, con ellas, las propias personas que lo utilizan. La inmediata consecuencia parece ser la simplificación de la expresión escrita hasta límites que sobrepasan la imaginación más despierta. Otra cosa es su perdurabilidad y si supone un real y peligroso empobrecimiento de oficio tan difícil como es escribir.

EL DESPROPÓSITO

Pasemos, a continuación, al análisis de algunos textos que se pueden encontrar en la Red o que hemos recibido los autores de este capítulo por medio del correo electrónico. Por cuestiones de método, los hemos agrupado en cuatros apartados: 1) Documentos de organismos e instituciones oficiales. 2) Ofertas de trabajo. 3) Intentos de estafas. 4) Publicidad diversa. Creemos que pueden ser una buena muestra del descuido con el que se trata la lengua española de y en Internet, y que puede ser un aviso y una llamada de atención para los navegantes que día a día eligen este medio para comunicarse o informarse con el propósito de que adviertan el mal uso del español y vayan aportando su grano de arena en mejorarlo.

Ya se sabe, "un grano no hace granero, pero ayuda al compañero".

1. Documentos de organismos e instituciones oficiales

a)   El primer documento que analizamos es un comunicado de la Comunidad de Madrid.

Texto original

> Estimado amigo:
> **Me complace** poner en **tu** conocimiento que hoy se ha publicado en el Boletín Oficial de la Comunidad de Madrid la Convocatoria de ayudas a programas de actividades de I+D, para Grupos de Investigación en el área de Tecnologías. Este programa está dotado con 46 millones de euros para los próximos cuatro años y representa la mayor inversión en investigación científica realizada hasta ahora en nuestra región.
> **La Comunidad** de Madrid, tras consultar con destacados miembros de la Comunidad Universitaria, **decidimos** incluir aspectos como la posibilidad de contratar técnicos y personal investigador de apoyo, y de invertir en equipamiento. También hemos sondeado al sector empresarial, requiriendo **del mismo** su parecer acerca de las áreas más relevantes en las que la investigación puede contribuir a una economía más pujante y competitiva.

Hemos resaltado los usos que nos parece que han de corregirse. En primer lugar, en los documentos oficiales de constancia no deben introducirse cuestiones personales de afectos o desagrados. Simplemente, "Pongo en su conocimiento", lo que aprovechamos también para corregir el "tu", pues creemos que el tuteo, tan frecuente hoy en las relaciones personales en España, no debe extenderse a las comunicaciones oficiales.

En segundo lugar, es muy corriente en el lenguaje administrativo situar una coma antes de las oraciones finales introducidas normalmente con la preposición "para", coma que no tiene sentido alguno pues rompe el orden sintáctico natural del discurso.

En tercero, hacemos notar la discordancia que hay entre el sujeto "La Comunidad" y su verbo, "decidimos". Entendemos que quien escribe el texto se siente parte de la Comunidad y pasa a un plural mayestático muy de su agrado, pero la norma gramatical es estricta al respecto y debería haberse optado por dos redacciones diferente: a) "La Comunidad... ha decidido..."; b) En la Comunidad... decidimos....".

Por último, llamamos la atención sobre el uso del anafórico "el mismo", del que ya el *Esbozo* de la RAE, en 1973, advertía de su afectación y de su uso espurio. La redacción correcta, que hubiera evitado, además, ese gerundio tan administrativo, debería haber sido: "También hemos sondeado al sector empresarial, del que hemos requerido su parecer".

b) El segundo es una página oficial de la ANECA sobre los nuevos Grados y Másteres con arreglo al proceso de Bolonia.

Texto original

3.1. **Competencias a adquirir** por el estudiante
*Previamente a la definición de las **competencias a adquirir** por el estudiante, tanto generales (transversales) como específicas, el proyecto de título oficial debería articularse a partir del establecimiento de objetivos que reflejen la orientación general **del mismo**.*

En este apartado, se deberá incluir una descripción de las competencias transversales y **específicas a adquirir por el estudiante que deben haber adquirido los estudiantes** durante sus estudios y que sean exigibles para otorgar el título.

En el caso del máster, la finalidad del título deberá ser [ ] **la adquisición** por parte del estudiante de una formación avanzada, de carácter especializado y multidisciplinar, orientada a la especialización académica o profesional, **o bien a promover** la iniciación en tareas investigadoras.

Para la elaboración y la revisión de las competencias[ ] es muy recomendable que las comisiones responsables del diseño del título, consulten de manera sistemática [ ] aquellos colectivos o entidades no universitarias que tengan relación con la titulación...

En primer lugar, advertimos del uso de un galicismo muy extendido en el español actual: sustantivo + a + infinitivo. Esta fórmula la aconseja la RAE sólo para documentos contables o bancarios ("Total a pagar", "Total a cobrar"), pero la juzga empobrecedora para el resto de los usos. De los tres significados que puede tener en español esta expresión, a saber: 'competencias que deben adquirir'; 'competencias para adquirir'; y 'competencias por adquirir', nos parece evidente que es el primero, es decir, con carácter obligatorio.

En segundo, de nuevo la presencia del anafórico "el mismo" que ya hemos comentado en el texto anterior.

En tercer lugar, aparte del galicismo explicado, nos parece un párrafo repetitivo y de una expresión muy pobre. Se podría haber escrito: "En este apartado, se deberá incluir una descripción de las competencias transversales y específicas obligatorias que deben haber adquirido los estudiantes durante sus estudios y que sean exigibles para otorgar el título".

En cuarto lugar, hay que reseñar dos cuestiones: primera, se ha utilizado sólo el segundo elemento de un conector correlativo (la locución conjuntiva 'o bien'), pero estos conectores requieren el uso de los dos términos; segunda, al no utilizar una construcción paralela, el mensaje queda obscurecido: se ha utilizado un sustantivo "la adquisición" y en el segundo término de la disyunción un verbo "a promover", con lo que la expresión, en este caso, es completamente desafortunada e incorrecta: "la finalidad del título deberá ser a promover la iniciación". Por tanto, podría haberse escrito: "... la finalidad del título deberá ser bien la adquisición por parte del estudiante de una formación avanzada, de carácter especializado y multidisciplinar, orientada a la especialización académica o profesional, bien la promoción de la iniciación en tareas investigadoras".

Encontramos, a continuación, dos errores de puntuación y la omisión de una necesaria preposición. Cuando se invierte el orden lógico de la oración, la Real Academia (*Ortografía*: 1999: 5.2.6.:) dice: "Cuando se invierte el orden regular de las partes de un enunciado, anteponiendo elementos que suelen ir pospuestos ["Para la elaboración y la revisión de las competencias"], se tiende a colocar una coma después del bloque anticipado".

Tras la palabra "título", se ha colocado la frecuente e incorrecta coma "de respiración", muy presente en el lenguaje jurídico-administrativo, que separa el sujeto ('las comisiones') de su verbo ('consulten').

Y, para terminar, el verbo "consultar" rige la preposición "a" (consultar algo *a* alguien). Por ello, lo correcto hubiera sido: "Para la elaboración y la revisión de las competencias, es muy recomendable que las comisiones responsables del diseño del título consulten de manera sistemática a aquellos colectivos o entidades no universitarias que tengan relación con la titulación...".

c) El tercero es un aviso de suspensión de un curso de formación en un organismo oficial.

Texto original

> Conclusión: la semana que viene no hay curso. La primera edición **por lo tanto** pasa a ser **por lo tanto** la que tendrá lugar entre el 26 y el 30 de mayo.

Este es un claro ejemplo de uno de los pecados capitales más corrientes en el uso del correo electrónico. Dada la inmediatez de la información, se tiende a pulsar la casilla de enviar nada más escribir el texto del mensaje, por lo que ocurren cosas como la de este ejemplo en el que, sin más análisis, se colige que es un descuido fácil de subsanar si se hubiera repasado el texto antes de enviarlo. Es evidente que sobra uno de los "por lo tanto".

d) Los siguientes son de diversas universidades.

<u>Texto original</u>

> Habiendo transcurrido un mes desde la entrada en vigor de la Ley 28/2005, de 28 de diciembre, de medidas sanitarias frente al tabaquismo y **reguladora de** la venta, **el** suministro, **el** consumo y **la** publicidad de productos del tabaco (...)
> La Secretaría General comunica[] asimismo[] a la Comunidad Universitaria que, a la espera de la promulgación por la Comunidad de Madrid del Decreto de desarrollo de la referida Ley, las denuncias o reclamaciones que puedan producirse respecto de posibles incumplimientos **de la misma** serán objeto de recepción por los Decanatos y Direcciones de Escuela...

En primer lugar, hay que señalar la ausencia de encabezamiento alguno. Es una descortesía que un Órgano de una Universidad se dirija a los miembros de la organización sin el pertinente encabezamiento. Como hemos señalado en otras ocasiones, el más adecuado es: "Estimada/ -o" y ya, en cada caso, utilizar el vocablo que se considere más apropiado (colegas, amigos, compañeros...).

Iniciar, además, un texto con un gerundio no es precisamente una buena elección estilística, por lo que debería haberse buscado una forma personal del verbo. También destaca que el redactor del texto ha perdido la perspectiva del régimen que impone la expresión "reguladora *de*", preposición que debería haber repetido antes de 'venta, suministro, consumo y publicidad".

En el último párrafo, se puede apreciar, por una parte, que no se han colocado las necesarias comas que debe llevar el conector "asimismo" y, por otra, que vuelve a aparecer el afectado, impropio e innecesario anafórico "la misma". El texto podría haberse escrito de la manera siguiente:

"Estimadas/-os compañeras/-os:

Ha transcurrido ya un mes desde la entrada en vigor de la Ley 28/2005, de 28 de diciembre, de medidas sanitarias frente al tabaquismo y reguladora de la venta, del suministro, del consumo y de la publicidad de productos del tabaco (...)

La Secretaría General comunica, asimismo, a la Comunidad Universitaria que, a la espera de la promulgación por la Comunidad de Madrid del Decreto de desarrollo de la referida Ley, las denuncias o reclamaciones que puedan producirse respecto de sus posibles incumplimientos se dirigirán a las Direcciones de Escuela y a los Decanatos, que las transmitirán...

Texto original

Estimada/o profesora/o:
Como en años anteriores[] vamos a realizar la edición del curso preparatorio de la prueba de acceso.

La solicitud para impartir docencia debe incluir siempre en asunto, la referencia "x". En dicha solicitud[] debe constar **el** cuerpo docente, *materias que impartes en la actualidad, *área y *departamento, *asignatura del curso que deseas impartir, así como *dirección particular y *correo electrónico.

Para formalizar tu solicitud, debes rellenar el documento adjunto en el **e-mail,** y[] a través del correo interno[] dirigirlo al Servicio de Pruebas de Acceso.

Se impartirán 20 horas por materia ofrecida, en horario de tarde que detallaremos más adelante, si bien, en todo caso **serán** a partir de las 17 horas.

Los llamados dobletes en los encabezamientos de cartas son muy oportunos para evitar el ocultamiento del género femenino

en los escritos administrativos. Sin embargo, aquí se han dejado
llevar por la galantería de utilizar primero el género femenino
y, al llegar al sustantivo en el morfema de masculino que se
sitúa tras la barra (/), se ha creado una falsa terminación que
daría el inexistente vocablo "profesoro".

En el párrafo siguiente, se ha omitido la coma tras "anteriores" que ya hemos explicado por la inversión de elementos
que suelen ir pospuestos.

En el párrafo tercero, se ha colocado una coma tras "asunto" que supone una grave incorrección, pues separa el verbo
"debe incluir" de su complemento directo "la referencia"; se
ha omitido una coma tras "solicitud", ya explicada suficientemente; y se ha omitido el determinante ante los sustantivos
comunes marcados con un asterisco rojo, que lo deben llevar
obligatoriamente.

En el cuarto, se ha elegido ahora la formulación inglesa
"e-mail" cuando antes se utilizó la más adecuada en español;
se ha situada una coma incorrecta antes de la conjunción "y",
que debería haberse colocado tras ella; y falta una coma tras
"interno".

Por último, sobra la coma tras el conector "si bien" y se ha
utilizado un verbo en tercera persona del plural "serán" cuyo
sujeto no está nada claro, aunque se pueda entender la intención del redactor.

La carta podría haberse redactado de la manera siguiente:
Estimado/-a profesor/-a:

Como en años anteriores, vamos a realizar la edición del
curso preparatorio de la prueba de acceso.

La solicitud para impartir docencia debe incluir siempre en
asunto la referencia "x". En dicha solicitud, debe constar el cuerpo docente, las materias que impartes en la actualidad, el área
y el departamento, la asignatura del curso que deseas impartir,
así como la dirección particular y el correo electrónico.

Para formalizar tu solicitud, debes rellenar el documento
adjunto y, a través del correo interno, dirigirlo al Servicio de
Pruebas de Acceso.

Se impartirán veinte horas por materia ofrecida a partir de las 17 horas en horario que detallaremos más adelante.

Texto original

> Estimados Profesores:
> adjunto les **remitimos información esperando** que sea de su interés.
> Atentamente

Llama la atención, en primer lugar, la mayúscula con que ha sido escrita la palabra "Profesores". Esto nos llevaría al imbricado mundo del uso de las mayúsculas en el lenguaje administrativo, que, a pesar de los criterios expuestos en la *Directrices de técnica normativa* ("Uso específico de las mayúsculas en los textos legislativos", publicación del M.º de la Presidencia, p. 50), aprobadas por Acuerdo del Consejo de Ministros de 22 de julio de 2005 (BOE del 29 de julio), no ha logrado implantar una norma clara de fácil seguimiento.

En este ejemplo, no tiene por qué escribirse así un nombre común. Sin embargo, se ha escrito con minúscula la palabra "adjunto", lo que contraviene una norma clara de la *Ortografía* de la RAE (3.3.1.): "Se escribirán con letra inicial mayúscula: d) La que va después de dos puntos, siempre que siga a la fórmula de encabezamiento de una carta o documento jurídico-administrativo...".

Por último, se ha omitido el determinante que debe llevar el nombre común "información" (*Manual del lenguaje jurídico-administrativo*: 231-234) y se ha escrito un gerundio con valor adjetivo, incorrecto a todas luces, que debería haberse sustituido por un proposición de relativo.

El texto debería quedar de la manera siguiente:
Estimados profesores:
Adjunto les remitimos una información que esperamos que sea de su interés.
Atentamente

Texto original

> **Buenos días Fernando** soy "XX" del departamento "Y",
> **indicarte** que **tengo** una factura de un recambio de agenda
> que **te compramos,** para que nos indiques cómo la **quieres**
> abonar.
> Gracias.

El encabezamiento de este correo es a todas luces impropio.
Este tipo de saludos coloquiales del tipo "Buenos días, Buenas
tardes, Hola", etc. no deben encabezar nunca un mensaje.
Representa una familiaridad inadecuada en la relación admi-
nistrativa.

Además, el nombre propio funciona aquí como un vocati-
vo, por lo que debería haberse escrito entre comas; tal y como
está, podría ser una marca de saludos, al estilo publicitario de
"Galletas María".

El texto está firmado por una persona, que se identifica
perfectamente en el original, y, sin embargo, utiliza un verbo
en forma no personal, concretamente en infinitivo ("indicarte")
con lo que se refleja ahora una ausencia de emisor, también
impropia. Se ha utilizado el llamado "infinitivo chinesco o
radiofónico".

A continuación, hay una falta de coherencia en el uso de las
formas verbales. Utiliza, primero, "tengo" para, después, pasar
al "compramos". La lógica que impone la coherencia debería
haber utilizado ambos en el plural mayestático.

Se ha colocado una coma antes de la proposición final "para
que", ya comentada antes, que debe suprimirse siempre, pues
altera el orden natural de la oración.

Creemos que el formato elegido (sin encabezamiento claro,
ni dos puntos y con el comienzo del texto de la carta en línea
aparte) contribuye a la oscuridad del mensaje ("la forma es el
fondo"); y, del "tuteo" que se ha utilizado en el texto, ya hemos
dado nuestra opinión en un texto anterior.

La despedida de la carta tampoco es muy adecuada. La persona que emite el mensaje, por lo que se puede leer, ha hecho un favor al receptor, por lo que es este quien debería agradecer el acto referido. En los textos administrativos, son suficientes dos fórmulas: "Reciba un saludo" o "Atentamente".

La carta, por tanto, debería quedar de la forma siguiente:

Estimado don Fernando (Estimado profesor:):

Soy "XX" del departamento "Y". El motivo de este mensaje es indicarle que tenemos una factura de un recambio de agenda que le compramos para que nos indique cómo la quiere abonar.

Reciba un saludo.

2) Ofertas de trabajo.

<u>Texto original</u>

"Oportunidad laboral: 2500 euros"
/* Style Definitions */ table.MsoNormalTable {mso-style-name:"????????????? ?????????????";   mso-tstyle-rowband-size:0;   mso-tstyle-colband-size:0; mso-style-noshow:yes;   mso-style-priority:99;   mso-style-qformat:yes;   mso-style-parent:"";   mso-padding-alt:0cm 5.4pt 0cm 5.4pt;   mso-para-margin:0cm;   mso-para-margin-bottom:.0001pt;   mso-pagination:widow-orphan;   font-size:10.0pt;   font-family:"Calibri","sans-serif";}6 Vacantes (Representante Regional) Área Comercial y AdministrativaUbicación: España e IslasCanarias!Business Type: Empresa CocheríaInternacional de Tours, Renta de Limusinas y Vehículos Blindados. ID:0437Contacto: Robert MartínezDescripción del TrabajoLuxury Limo Ltd. esta por convertirse en unsocio estratégico con empresas de España y paíseslimítrofes, consolidando con ellos una amplia cobertura de servicios y parte estratégica delcrecimiento y desarrollo, es incorporar 6 Represen-

tantes Comerciales yAdministrativos en diferentes Regiones estratégicas en España.por ello buscamos personas con lasmañanas libres y disponibilidad de movilidad en su región a cargode la compañía, **la edad no es excluyente, solo debes ser mayor de edad**, tener manejobásico del ordenador, mail personal, teléfono domiciliario ymóvil.Aclaramos que usted no deberá pagarningún dinero para comenzar atrabajar, todas las capacitaciones, gastos de transporte, comidas y hotel son a cargo de la compañía.LA COMPANIALas oficinas centrales de la empresa estánsituadas en ITALIA Y PORTUGAL, cuentacon oficinas también en Miami. Recientemente han inaugurado una oficinaen Estados Unidos desde la que, junto con varios socios estratégicoscubrimos las necesidades del mercado Americano, Europeo y Asiático.

De este texto inadmisible en cuanto a la forma y al fondo, poco podemos decir. No tiene encabezamiento, ni despedida, ni párrafos coherentes con las ideas fundamentales desgranadas en cada uno de ellos, está mal escrito, combina signos con símbolos, mayúsculas con minúsculas...

Y, para lo único que entendemos, el párrafo que hemos resaltado en negrita "**la edad no es excluyente, solo debes ser mayor de edad**", hay una "*contradictio in terminis*": si no es excluyente, no lo es y, si lo es, como en este caso, sobra la primera parte de la proposición.

<u>Texto original</u>

> La mejor oferta de compaÃ±Ãa Internacional
> El representante financiero de la compaÃ±Ãa
> Al dÃa de hoy **tomamos a los empleados por nuestra compaÃ±Ãa** con el fin del aumento de la **cualidad** del servicio y el aumento de la velocidad del tratamiento de los encargos. **No es insignificante de quiÃ©n trabajaba o trabaja ahora,**

si tiene una posibilidad de la simultaneidad, es Usted sociable, responsable y **exigente a usted mismo**, tiene Usted una posibilidad magnÃfica **hacerse el nuestro empleado** y recibir los altos ingresos. Hoy planteamos las exigencias especiales a nuestros empleados, ya que **Usted precisamente presenta la imagen de la compaÃ±Ãa.**

El salario: 2000 Euros al mes + 5 % de cada operaciÃ³n

Las obligaciones: la recepciÃ³n de los **pagamentos** de los clientes, la composiciÃ³n del informe por los perÃodos, contribuir al logro de los objetivos financieros de la compaÃ±Ãa.

Las exigencias: La edad **sobre 21 aÃ±os**, la **experiencia del trabajo con las personas**, **los documentos**, la experiencia del trabajo en la direcciÃ³n, el usuario experto del Pc, la presencia del acceso constante en Internet para el trabajo a travÃ©s de la oficina-Internet, **la presencia no menos 3 horas del tiempo libre al dÃa, la presencia de las recomendaciones es saludada.**

Como se puede observar, tiene algunos de los defectos del texto anterior en cuanto a la forma; algo más legible, sin embargo.

Pero, si observamos lo que hemos resaltado, el lenguaje empleado se parece al español lo mismo que cualquiera de nosotros al vecino: aspecto humano, andamos con dos piernas y erguidos, en fin, un parecido genérico por pertenecer a la misma especie animal.

Hay frase de difícil digestión: "**tomamos a los empleados por nuestra compaÃ±Ãa**", es decir, que estamos ante una metonimia de 'la parte por el todo'; o esta otra: "**No es insignificante de quiÃ©n trabajaba o trabaja ahora, si tiene una posibilidad de la simultaneidad**", de la que solo colegimos que este trabajo es para nosotros si "podemos simultanearlo" con lo que hacemos, con lo que se nos advierte ya de que no vamos a vivir de esta oferta.

Hay otras que se aproximan a la fraseología española más tradicional: "**exigente a usted mismo**" ('exigente consigo mismo'); "**hacerse el nuestro empleado**" ('convertirse en empleado nuestro'); "**la presencia no menos 3 horas del tiempo libre al día**" ('un mínimo de tres horas al día'); "**la experiencia del trabajo con las personas**" ('experiencia de trabajo en equipo'); "**la edad sobre 21 años**" (suponemos que querrá decir 'más de 21'); "**la presencia de las recomendaciones es saludada**" ('se valorarán cartas de recomendación').

Con algunas parece que se nos quiere tomar el pelo: "Usted precisamente presenta la imagen de la compaÃ±Ãa", como si nos hubieran visto por un agujerito, en fin, todo un despropósito que dice muy poco de la compañía ofertadora.

3) Intentos de estafas

<u>Texto original</u>

> Estimado cliente:
> **Servicio técnico** del banco BBVA renovó el software para mejorar el servicio de los clientes del banco.
> Para asegurar la **integridad** de sus datos **Usted** tiene que rellenar el "BBVA net cash/BBVA net Office: Formulario del cliente".
> Para empezar a rellenar el formulario[] pulse en el vínculo:
> <u>BBVA net cash/BBVA net Office: Formulario del cliente</u>
> Esto es un mensaje automático, no hace falta que **respondas**.

Lo primero que dan ganas al leer este tipo de mensajes es contestar con la misma rechifla, pero los diligentes servicios informáticos de la URJC nos advierten, cada cierto tiempo, de estos peligrosos mensajes a los que nunca debe responderse.

Resalta, en primer lugar, que los estafadores se perdieron unas cuantas clases de Lengua Española en el colegio. "Servicio técnico" no es ninguna persona, por lo que requiere el determinante "el".

Confunden "integridad" con "seguridad", ya que "íntegro" en español significa dos cosas: 1. "Que no le falta nada" y 2. "Persona recta, proba, intachable". Los datos, que sepamos, todavía no tienen una conducta con la que comportarse.

Les falta la necesaria coma que ha de escribirse cuando se invierte el orden lógico de la oración, antes de "pulse", y pretenden que rellenemos un formulario complicadísimo sin hacer previamente un "máster profesional" sobre formularios en Internet.

Por último, se dirigen a nosotros con un pomposo "Usted" en mayúscula, para hacernos parecer importantes, y nos espetan al final: "no hace falta que respondas". En fin, despropósito tras despropósito.

<u>Texto original</u>

> openbank
> Estimado **usuario Open Bank**
> Durante nuestra **verificacion regular no pudimos verificar** sus datos. La razon es que sus datos estan incompletos o incorrectos. Para impedir que su cuenta sea minusvalida, le rogamos entrar en el sistema de su cuenta (login) y asegurarse de que sus datos de cuenta estan completos.
> Para entrar al sistema de su cuenta por favor haga clic al link siguiente:
> https://bancaonline.openbank.es/serviet/Pproxy?app=DJ&cmd=8000
> Usted debe entrar al sistema de su cuenta en el plazo de 7 dias despues de recibir esta notificacion, en otro caso se limita el acceso a su cuenta.

Lo primero que llama la atención es la ausencia total de acentos. Lo segundo es nuestra nueva identidad como ciudadanos: nunca nos habían llamado "usuario Open Bank", ahora con mayúsculas.

Al menos, son coherentes al afirmar que "durante la verificación no pudieron verificar": ¡pues vaya verificadores que están hechos! Lo que quieren decir, suponemos, es que durante una verificación ordinaria de seguridad no pudieron "comprobar" nuestros datos, claro, porque no los tienen. Y se preguntarán ustedes: ¿por qué no? Pues porque ninguno de los dos autores de este texto somos "usuarios Open Bank", entre otras cosas.

Usa el ya comentado anglicismo "link" en lugar de *enlace*, y utiliza las preposiciones como le viene en gana: "entrar *al* sistema" y "haga clic *al* link".

Por último, nos hemos quedado francamente preocupados con la advertencia de que nuestra cuenta "sea minusvalida".

Texto original (a)

Estimado cliente, **¡** Es muy importante y **obligatorio a leer!** Posiblemente Usted **notó** que la semana pasada nuestro sitio <u>www.caixanova.es</u> funcionaba inestable y se observaban frecuentes intermitencias.Hemos renovado nuestras instalaciones bancarias y ahora el problema **está resuelta**. Pero para activar un sistema nuevo de **protecció n** de los datos y una capacidad de trabajo correcta de sus cuentas bancarias, le pedimos a **Usted a introducir** los detalles completos de la cuenta para que **pudamos** renovar nuestra base de los clientes y comprobar la capacidad de trabajo de nuestro nuevo sistema de **protecció n** de los datos. Si Usted no **active** su cuenta bancaria durante 5 **días**, las posibilidades complementarias de la defensa de seguridad no **serán** establecidas en su cuenta.

Con respeto,El servicio del mantenimiento **técnico** del Banco Caixanova.

Texto original (b)

Estimado cliente,
Haga el favor de leer atentamente esta carta y seguir nuestras recomendaciones.

Posiblemente Usted notó que la semana pasada nuestra web CCM **funcionaba inestable** y **se observaban frecuentes intermitencias. Hemos renovado nuestras instalaciones bancarias y ahora el problema está resuelta. Pero para activar un sistema nuevo de protección de los datos y una capacidad de trabajo correcta de sus cuentas bancarias le pedimos a Usted a introducir los detalles completos de la cuenta para que pudamos renovar nuestra base de los clientes y comprobar la capacidad de trabajo de nuestro nuevo sistema de protección de los datos.**
Con respeto,
La administración y el Servicio de apoyo técnico CCM

Hemos situado juntos estos dos mensajes por sus similitudes (con la negrita del segundo texto resaltamos idénticos errores de la carta anterior). La amenaza del primer texto, incorrecta gramaticalmente y formalmente hablando ('obligatorio a leer!') se suaviza en el segundo con un más adecuado 'Haga el favor de leer". En el primero, los caracteres y símbolos que se intercalan en todo el texto y que lo hacen ilegible, se han corregido en el segundo. Sin embargo, los incorrectos "le pedimos a Usted a introducir" y "para que pudamos renovar" se repiten en los dos.

Menos mal que, al final, se despiden con un "Con respeto", a nosotros, se supone, porque lo que es a la lengua española brilla por su ausencia. Además, en el segundo texto, se le da más importancia al Servicio" que a la "administración" de apoyo técnico, dada el manejo de la mayúscula.

Texto original

Estimado suscriptor,
Debido a denuncias relacionadas con el spam de correo electrónico de usuarios en nuestro sistema de correo web, **nuestro** investigación demuestra que **su dirección** de correo electrónico **está comprometida** y **es utilizado enviar** mensaje de spam en nuestro sistema de correo web.

> Como resultado de ello, **nuestra red va a ser ingeniero llevando** a cabo un mantenimiento en nuestro sistema de correo web, su nombre de usuario se desactivará **si no enviar nosotros** la información requerida **dentro de las 48 horas**.
> Información requerida:
> **Sus nombres completos**:
> Dirección de correo electrónico:
> Contraseña:
> Volver a escribir la Contraseña:
> Nosotros valoramos su negocio.
> Mantenimiento de Equipo de correo web.

Este texto, al menos, acentúa correctamente todas las palabras que llevan tilde. Sin embargo, el baile de las concordancias es abigarrado: "nuestro investigación demuestra que su dirección está comprometida y es utilizado enviar". Nos sorprende, a su vez, que nuestra dirección de correo "esté comprometida" sin saberlo nosotros y, desde entonces, andamos preocupados buscando al sujeto del compromiso porque, padres como somos los autores de este capítulo de hijas, nos preocupa siempre esta cuestión.

Pero lo más impactante es la información revolucionaria que se nos da: "Nuestra red va a ser ingeniero", por lo que ya estamos más tranquilos con el "compromiso" de nuestra dirección de correo: se ha prometido con un futuro ingeniero. Pero nos asaltan dudas de nuevo por la forma en la que va a obtener el título: "**llevando** a cabo un mantenimiento en nuestro sistema de correo web", así, con un gerundio modal de difícil digestión que nos recuerda aquella famosa frase que espetó una personaje de la prensa rosa: "hale, hale, que es gerundio".

Y le va a costar trabajo la carrera, porque debe ser alguien nacido en un pueblo indio del Oeste de los Estados Unidos de Norteamérica, puesto que, un poco más adelante, dice: "su nombre de usuario se desactivará **si no enviar nosotros** la información requerida"; no sabemos, además, dada la redacción elegida, si son ellos o nosotros los que hemos de enviar la información.

Por último, y entre la información requerida, deben pretender que les mandemos el nombre de todos los miembros de la familia ("sus nombres completos"). Menos mal que ellos valoran "su negocio", el suyo debe ser, pues nosotros carecemos de este particular.

4) Propaganda diversa.

La red de Internet es un espacio muy propicio para la publicidad más diversa, con pocos costes y la facilidad de llegar a una ingente cantidad de personas. Es cierto que hay una falta de control alarmante, especialmente con los productos dedicados a la salud, pues hay un peligro evidente a la hora de adquirir productos que pueden ser muy perjudiciales.

La mayor cantidad de publicidad que, nosotros al menos, recibimos es de productos relacionados con la salud corporal, porque los textos de esta propaganda carecen por completo de salud lingüística.

<u>Texto original</u>

> Las **pidoras** de hombre
> **Masculinas píldoras superior a los precios!**
> Encuentra tu **medlcations** sin demora! Todos **hemos tablets usted** podría necesitar!
> Y los costos son muy bajos!
> Fuera tienda es Verified by Visa y certificado por CIPA.

¿Quién puede resistirse a semejante publicidad? Con signos de admiración por doquier, con esta redacción tan sencilla y directa, es verdad que nos imaginamos (porque tenemos despierta la imaginación) para qué deben ser –que no servir- estas "pidoras", como reza la casilla del emisor. Y ya es difícil poner así de mal este vocablo, pues, al escribirlo con esta incorección, el ordenador rectifica automáticamente y pone "oidoras".

Luego escribe "píldoras" correctamente, incluso con tilde, pero la frase no está muy bien redactada. El precio debe ser alto, pero... los efectos son superiores al precio, porque si cuesta 1 euro el frasco, nos tememos que no sirven ni para ir al baño.

En la siguiente línea, una de misterio: "¡Encuentra tu ¿medicación? sin demora! Pero ¿no era esta, la que acabamos de encontrar en nuestro correo, la medicación adecuada? Pues parece que hay que seguir buscando. Pero, ¡ojo!, "Todos hemos tablets usted podría necesitar!"; haberlo dicho antes: ya estamos más tranquilos, aunque todavía no sepamos qué nos quieren vender y para qué.

Menos mal que "es Verified by Visa" y, si esto no le convence del todo, también "hemos las tablets" con "certificado por CIPA"; realmente, si no adquirimos este producto, es porque somos muy desconfiados.

Texto original

El **vientre-ahora** gordo **esto no el problema**

¿Os habéis cansado de los planes de la dieta, **que no trabajan simplemente**?

¿Se ha cansado de los regímenes dietéticos **tontos**?

¿Queréis perder el peso indeseable, quemar la grasa superflua, las **pídoras** seguras populares, **y no teniendo** la necesidad de pagar por esto?

¡Aquí conocéis **su decisión** para el milagro – **aquí como recibir** la **botella** completa de las frutas exóticas para la pérdida del peso, **ABSOLUTAMENTE CON SOLTURA**!

En nuestros estudios de la asignatura "Ciencias Naturales" del bachillerato no nos explicaron nunca cuál era el "vientre –ahora gordo", tiene que venir la publicidad por Internet y sacarnos de la ignorancia. Pero, tranquilos: "esto no el problema".

Las dos frases siguientes, con la forma de 'pregunta retórica' nos predisponen: primero, para los dos, y de tú: "Os habéis"; luego, para uno de los dos, y de usted: "Se ha". Nos pregunta (retóricamente, desde luego) que si nos hemos cansado de los planes de dieta "que no trabajan simplemente". Pues sí, porque, dado lo que cuestan, nos gustaría que trabajaran más "complicadamente".

Y ¿se ha cansado de los regímenes dietéticos tontos? Pues sí, señor, y también de los listos, porque estos últimos te sacan los cuartos, que no los quilos.

Gracias a este correo, descubrimos que las "pídoras" son "seguras" y "populares", aunque nosotros no habíamos oído hablar nunca de ellas; pero, además, y con un modélico gerundio, nos descubren la panacea: ¿queréis perder y quemar no teniendo la necesidad de pagar? Esto, créannos, predispone al consumidor a decir ¡síííí, queremos!

Y, cuando vamos a pedir estas milagrosas y gratuitas "pídoras", nos encontramos con dos problemas: 1. Aquí conocéis su decisión para el milagro!": la decisión de quién, primer problema. "Aquí", repite, "como recibir la botella...": segundo problema, lo que creíamos que eran "píldoras" mal escritas, resultan que vienen en botella y son frutas exóticas., eso sí, y para nuestra tranquilidad, "absolutamente con soltura", pero con todas las letras en mayúsculas, porque el secreto de la pérdida de peso con esta "pídoras" está en el ingrediente "con soltura". ¡Menos mal!

Texto original

> ¡La última **ruptura en la distancia** el peso excesivo!
> Recomendado y mostrado en los Shows Oprah:
> Muy profundamente en los bosques de Brasil, recogen las frutas milagrosas, que le ayudan regular su peso excesivo fácilmente **y y** es seguro
> Pierdan 50 **poounds** en algunas semanas. ¿Asombroso? ¿Increíble?
> ¿Escéptico? ¡**Esto no tiene el significado**, porque ahora PODÉIS PROBARLO GRATIS!!
> ¡Aquí podéis testar el PRODUCTO MILAGROSO PARA la DESAPARICIÓN del PESO EXCESIVO **ABSOLUTAMENTE SIN DINERO**!

Con este texto se nos aclaran algunas de las dudas que nos planteaba el anterior. Por ejemplo, que podemos perder 23 quilos, aunque hayan escrito mal en inglés "pounds" y que "con soltura" no es un ingrediente secreto, sino que responde al mensaje de "prueba gratis". El resto del mensaje publicitario tiene el mismo valor desde el punto de vista lingüístico que el anterior.

<u>Texto original</u>

> El **dia todo enamorado**
> Navidad con la vuelta de la esquina – esta es tu oportuni-
> dad de recoger **una increíble tratar de relojes** de marca.
> A partir de sólo $ 49, con **más de 20 +** marcas famosas a
> seleccionar aquí es su ventanilla una tienda de regalos para
> todos sus seres queridos esta Navidad.

Por último, hemos seleccionado un texto de propaganda cuyo asunto prometía: "El dia todo enamorado" que, ingenuos de nosotros, habíamos traducido por "Todo el día enamorado". Lógico nos parecía que, si antes perdíamos "50 pounds" de peso, buscáramos ahora vía Internet el elixir del amor para estar así de felices.

Pero el producto que nos venden en esta ocasión, sin comas de por medio, ¡ni una!, es una serie de relojes de marca, "más de 20 + marcas famosas", que pueden ser 21, 40 o muchísimas más, porque también descubríamos nuestra ignorancia en matemáticas modernas y éramos incapaces de saber con exactitud cuántas son "más de 20 +". Eso sí, del significado de "una increíble tratar de relojes" estuvimos discutiendo, desde postulados psico-lingüísticos, luengas horas.

La conclusión de todo lo anterior no puede ser otra que la presencia del español en la Red es, hoy por hoy, la historia de un despropósito.

BIBLIOGRAFÍA

RAE (1999): *Ortografía de la Lengua Española*, Madrid, Espasa.
- (2001): *Diccionario de la Lengua Española*, Madrid, Espasa, 22.ª ed., 2 vols.
- (2005): *Diccionario panhispánico de dudas*, Madrid, Santillana.
- (2009): *Nueva gramática de la lengua española*, I, Morfología. *Sintaxis* I; II, *Sintaxis* II, Madrid, Espasa.
SARMIENTO, R. y F. Vilches (2007): *Lengua española y comunicación*, Madrid, SGEL, 2.ª ed.
- (2007) [coords.]: *Neologismos y Sociedad del Conocimiento. Funciones de la lengua en la era de la globalización*, Barcelona, Ariel-Fundación Telefónica.
- (2009) [coords.]: *La calidad del español en la Red. Nuevos usos de la lengua en los medios digitales*, Barcelona, Ariel-Fundación Telefónica.
VILCHES, F. (2006) [coord..]: *Creación neológica y nuevas tecnologías*, Madrid, Dykinson, col. "Nuevos Discursos", n.º1.
- (2008) [coord..]: *Creación neológica y la Sociedad de la Imaginación*, Madrid, Dykinson, col. "Nuevos Discursos", n.º2.
VILCHES, F. y R. Sarmiento (2010): *Manual de lenguaje jurídico-administrativo*, Madrid, Dykinson.

LA CREACIÓN NEOLÓGICA ES NECESARIA

F. Sáez Vacas

Aunque anunciado como un "discurso de clausura", mi intervención será simplemente una charla en la que expondré muy brevemente y sin el menor ánimo doctrinal algunas de mis ideas, experiencias y aportaciones relacionadas con la creación de vocablos, acepciones o giros en español. Mi base formativa no ha sido la filología, sino la ingeniería, pero mis actividades de profesor de varias tecnologías de la información e investigador me han abocado a tener que crear términos nuevos para describir en nuestra lengua productos o conceptos que muchos tecnólogos han bautizado en las suyas o para nombrar ideas propias.

Sobre esta cuestión de los neologismos ya escribí en 2001 una columna en la que recordaba que "el ser humano, desde que inventó el lenguaje, nombra las cosas que descubre para poseerlas y ahora también quiere poseer los nombres para denominar empresas, marcas, productos y dominios de Internet, que son las cosas modernas", como sucede habitualmente en el territorio de la tecnología, tan fecundo para la siembra y producción de neologismos.

Personalmente, parece que he mostrado una propensión inhabitual a la creación neológica, algo que atribuyo a que desde joven he sido un amante de las palabras. Nunca he olvidado aquella suerte de metáfora de mi juventud que decía que *nuestra lengua es la casa en que habitamos*, de modo que hay que cuidarla para evitar que se ensucie, se degrade o se derrumbe. Y ya, puestos a seguir con la metáfora, de ella se desprende que habrá que ampliar esa casa cuando se nos quede pequeña, añadirle muebles o mejorar su decoración interior, para hacerla, además de funcional, más agradable o confortable.

Una de las conclusiones a las que me han conducido mis experiencias terminológicas es que la mejor base para realizar con rigor este trabajo es precisamente ser y comportarse como un auténtico amante de las palabras en tu lengua, para evitar así caer en esa suerte de uso irresponsable de extranjerismos improvisados, muchas veces ajenos a la morfología del español, de la que se nos acusa con frecuencia a los técnicos. No basta con que se te ocurra un término nuevo, tienes que estudiarlo y justificarlo a fondo si se prevé difundirlo. Cuando eres un verdadero amante de las palabras, entonces sufres al comprobar cada día cómo la gente, incluyendo –y ése es el problema– a bastantes escritores y a muchísimos periodistas de prensa escrita, radio o televisión, se ha olvidado de usar correctamente las palabras y ahora me estoy refiriendo, no a las técnicas o especializadas, sino a las que están ya en el diccionario y en la gramática. Todos éstos, y especialmente quienes tendrían que dar ejemplo por sus profesiones mediáticas y son por ello continuas referencias lingüísticas para el gran público, ensucian y degradan sin respeto nuestra "casa", la casa de todos. Hace poco leí en una revista cultural el siguiente consejo: "honra tus palabras: lo que sale de tu boca es lo que eres tú; si no honras tus palabras, no te estás honrando a ti mismo". Con este argumento, en mi opinión más relacionado con la creación neológica de lo que a primera vista pueda parecer, lo primero que me voy a permitir es hacer algo inesperado: aprovechar que tengo un público escuchando para dar unos ejemplos del mal uso habitual de nuestra lengua, con la esperanza profesoral de que si alguien entre los presentes comete algún error verbal inducido por los medios de comunicación, lo corrija a partir de ahora.

ALGUNOS EJEMPLOS HABITUALES DE USOS INCORRECTOS DE NUESTRA LENGUA

En esta breve relación expondré en primer lugar (subrayado) lo que se dice mal y a renglón seguido (con mayúsculas) lo que debe decirse o escribirse:

Dijistes (una frase), tuvistes (una idea), cogistes (un taxi), etc... DIJISTE, TUVISTE, COGISTE, etc.

Una pedazo de mujer, de bailarina, ... UN PEDAZO.

Las miles de personas, de cosas, de pesetas, de ideas, etc., LOS MILES (independientemente de que el sustantivo cuantificado sea femenino).

Detrás (encima, debajo,...) tuyo, mío, suyo, vuestro, etc., DETRÁS (encima, debajo,..) DE TI, DE MÍ, DE ÉL O DE ELLA, DE VOSOTROS,

Bimensual (adjetivo usado frecuentemente para expresar la periodicidad de una vez cada dos meses, cuando en realidad significa dos veces al mes), lo correcto es BIMESTRAL (en una ocasión le señalé este error a la dirección de la revista técnica "Novática" y cambiaron ´bimensual´ por ´bimestral´). Exactamente igual puede ocurrir con los términos ´bianual´(que ocurre dos veces al año) y ´bienal´(una vez cada dos años); no hay que confundirlos.

Entorno a una idea, a un proyecto, etc., EN TORNO a una idea, etc..

Escuchar (en lugar de oír: p. ej., no te escucho bien), NO TE OIGO BIEN.

Preveer, PREVER (hace pocas semanas vi y oí, estupefacto, a un antiguo ministro, ahora escritor y editor, decir "preveyendo".

De motu propio, MOTU PROPRIO (Sin "de" y con "r"; locución latina aceptada en el DRAE, con el significado de "voluntariamente").

A grosso modo, GROSSO MODO.

F. SÁEZ VACAS

"La caída del precio del aceite <u>asola</u> (en vez de ASUELA) Jaén"; noticia en un periódico de ámbito nacional el 10 de abril de 2009.

El equipo X va ganando <u>de 12</u>, POR 12.

<u>El interfaz, los interfaces</u>, LA INTERFAZ, LAS INTERFA-CES (Con este error aparece múltiples veces en el informe siE[08 "La sociedad de la información 2008"; este término ya está aceptado en el DRAE, Diccionario de la Real Academia Española, y es femenino).

En <u>el Web</u> podéis encontrar , en LA WEB (incluso profesores que conozco todavía usan esta palabra en masculino).

He recibido 5 <u>correos electrónicos</u>, MENSAJES ELECTRÓ-NICOS (DRAE: ´Correo electrónico´: Sistema de comunicación personal por ordenador a través de redes informáticas); la palabra ´correo´ debe aplicarse siempre a un sistema o un servicio.

Y así podríamos seguir dando centenares o miles de ejemplos que muestran lo mal que tratamos a nuestra lengua, o sea, a nuestra casa. Simplemente con leer los mensajes cortos de texto, atiborrados de faltas de ortografía, que envían los telespectadores en los programas de debate ya te quedas espantado.

ALGUNOS DE MIS NEOLOGISMOS, GIROS, SIGLAS O ACRÓNIMOS (PROPIOS DE UN NOOTOPO ESPECÍFICO, PERO DE GRAN INFLUENCIA GENERAL)

Antes de dedicar unos momentos o líneas para exponer algunos ejemplos de aportaciones propias, quisiera aclarar que con los neologismos no se busca sólo nombrar objetos, cosas o conceptos, sino también propiedades o características de algo que se produce o descubre, sea lo que sea, o áreas de conocimiento o de acción, comportamientos, situaciones, titulaciones profesionales, organizaciones humanas tales como empresas o entidades en general, revistas, blogs, foros, etcétera. En muchas de estas circunstancias, la propuesta de un neologismo debería ser el resultado de un proceso, enmarcado en el máximo rigor posible y dedicándole el tiempo necesario. Un ejemplo histórico de un término nuevo, importantísimo por la absoluta universalidad y éxito de su uso, es el de la Web, palabra ya aceptada tal cual en español en la 22ª edición (año 2001) del DRAE. Tim Berners-Lee, que acaba de estar la semana pasada en Madrid con motivo del XVIII Congreso Internacional WWW y para ser investido doctor honoris causa en la Universidad Politécnica de Madrid, propuso el término World Wide Web (WWW) –telaraña mundial, según WordReference.com-, después de barajar durante casi un año expresiones como *Information Mesh* (Malla de Información) o *The Information Mine* (La Mina de Información, cuya sigla, TIM, coincidía con la primera parte de su nombre, Timothy). Por mi parte, en un artículo sobre la Web, publicado en la revista El Cultural hace cuatro días, el 24 de abril, definía metafórica y un poco humorísticamente a los internautas que se mueven por la Web como arañas virtuales transitando de un sitio a otro por los hilos de banda ancha de una telaraña mundial ubicua.

Prácticamente, todos mis neologismos serios y muy meditados están justificados extensamente y usados en artículos, ensayos y libros. Es obvio que cuando uno, como es mi caso y el de tantos otros, se mueve profesionalmente en un espacio de conocimientos relacionados con ramas tecnocientíficas o de tecnología muy activas, experimenta que la necesidad de crear neologismos, que en este caso son tecnicismos, es grande. Así ocurre con ese espacio en crecimiento exponencial que llamo **infotecnosfera**. Ese espacio es mi principal **nootopo**, por cierto palabra nueva, similar a biotopo, para nombrar de forma genérica un lugar, espacio o entorno intelectual, cultural y social que reúne las condiciones para que los humanos cultiven, usen o compartan conocimientos o al menos ciertos conocimientos. Hay muchos nootopos diferentes; el mío en particular es el de los conocimientos sobre **infotecnologías**. Para expresar, usar, ubicar o vivir esos conocimientos nuevos es necesario construir casas adecuadas o, si ya existen, ampliarlas con nuevas habitaciones o dependencias, dotándolas con mobiliario o artefactos específicos, es decir, crear nuevas palabras (neologismos) para proporcionar identidad a esos conocimientos y a todo lo que de ellos se deriva. Si la **infotecnología** actual, mayoritariamente digital, lo transforma casi todo, creando un universo de actividades en formato digital, frente a las clásicas de formato analógico, en decrecimiento, ¿cómo no va a generar terminología cuando por ella cambian y se multiplican las opciones, las actividades, las formas sociales, los objetos, los comportamientos, etcétera.

Hay que señalar que, como hay tantos nootopos y casi todos muy especializados, pocos de los neologismos propuestos para esos espacios alcanzarán la plataforma pública de un diccionario general. Todo lo más, los encontraremos en glosarios específicos de la materia y ahora mucho precisamente en la Web usando Google o algún otro buscador. (Nota: convendría analizar el porqué del escaso dinamismo de nuestros académicos de la lengua para estudiar, y en su caso aceptar, más neologismos rigurosamente elaborados y de interés general, mientras se oyen críticas frecuentes señalando que el diccionario se nos queda cada vez más corto para nombrar las cosas y circunstancias que rodean nuestras vidas).

Entrando ya en los ejemplos, empezaré diciendo que frecuentemente un prefijo adecuado puede ser la base de la creación neológica de una familia de términos: así, ´noos´, procedente del griego, que significa "inteligencia", "conocimiento", de ahí ´noosfera´, que está en el DRAE o **nootopo**, que no está. En una columna mía de 1999, titulada "Amígdala training", clasifiqué al ser humano como mamífero multimutante **multinootópico** y lo dije seriamente, aunque también para divertirme un poco, porque ése no es mi territorio profesional. Ya puesto con el prefijo, acabé proponiendo el vocablo **nootrópico,** parecido al anterior pero distinto. Escribiendo sobre la famosa y controvertida sociedad del conocimiento, creé el término **nootropismo** que, por similitud con heliotropismo (orientación hacia los rayos solares), se aplicaría a "orientación hacia el conocimiento", y lo desarrollé muy ampliamente en un ensayo del año 2000 titulado "Sociedad de la información, comunidades nootrópicas, nootecnología". Como se ve por este ejemplo, también he utilizado **nootecnología**, para calificar al grandioso conjunto de instrumentos digitales dotados de "inteligencia", esto es, de software avanzado. En 2006, publiqué un artículo exponiendo, con el nombre de **noomorfosis digital**, mi hipótesis de que el potente entorno infotecnológico puede estar formando (morfosis) una nueva clase de inteligencia en los niños de hogares bien dotados de instrumental digital, a los que suele llamarse nativos digitales. Tanto el concepto como el nombre que le di han tenido gran difusión en artículos posteriores, blogs y hasta en cursos, no hay más que mirar en Internet. Algún tiempo después, lo completé en otras publicaciones con **noometamorfosis digital**, para expresar la transformación (metamorfosis) de las habilidades mentales de quienes estamos considerados como inmigrantes digitales. También me he referido en ocasiones a la **digitalidad** mental y a la digitalidad social.

Asimismo, yendo a los prefijos ´info´ y ´tecno´ podemos descubrir minas de términos nuevos que reflejarán la aparición de objetos, conceptos y situaciones impulsados por la relevancia creciente de la información o de la tecnología. Yo uso hace muchos años el término **infotecnología** (también la digo en plural para expresar, si se quiere, la gran variedad de sus especialidades), aunque no presumo de ser su inventor, y abomino de la sigla TIC, que resume un conjunto de nada menos que siete palabras -Tecnologías de la Información y las Comunicaciones-, cuando podrían reducirse a una sola, que, por supuesto, no está en el diccionario de la Academia, mientras que sí lo están "biotecnología", "biónica" o "geotécnica", entre otros ejemplos y, en particular, el primero de estos tres es usadísimo. Incluso existe la sigla internacional NBIC, que expresa el movimiento de investigación interdisciplinar tecnocientífica de las áreas de Nanotecnología, Biotecnología, Infotecnología y Cognociencia. En cambio, nos encontramos con TIC por todas

partes, incluyendo títulos desconcertantes de artículos como,
p. ej., "Protección de costas por TIC". Y cuando no se emplea
la sigla TIC, pero en su lugar se usa la denominación ´Nuevas
Tecnologías", ésta resulta objetivamente poco adecuada, porque generalmente, en primer lugar, no suele hacerse justicia al
verdadero significado del adjetivo ´nuevas´ y, por otra parte, el
término ´tecnologías´ podría aplicarse también a tecnologías
de materiales, tecnologías energéticas, biotecnologías, etc.

Hace unos meses, prosiguiendo con mi rechazo irónico,
aunque inútil, de esta sigla, publiqué en mi blog un artículo
titulado "TIC, TAC, TOC, y ahora KIC", pero, tiempo antes,
también y más seriamente, aunque con la idea de aprovechar
el irreversible tirón mediático de la sigla TIC, creé la sigla **TVIC**
(**T**ecnologías para la **VI**da **C**otidiana), casi un acrónimo, puesto
que mi intención es que se pronuncie "TEVIC", para otorgar
identidad propia al ingente subconjunto de instrumentos in-
fotecnológicos usados por millones de personas no técnicas.
Este término lo utilizo habitualmente y lo difundí públicamente
en un editorial que escribí para una revista importante, *Telos*.
Una prueba de su potencial importancia, ya no exclusivamente técnica, sino debida a sus impactos cada día más sociales,
culturales y hasta psicológicos, la tenemos en que el ya citado
informe "siE[08" sobre la sociedad de la información dedica
unas 80 páginas al uso de las TIC por los ciudadanos.

Pero, igualmente, en dicho informe se utiliza en inglés la
palabra *appliance* (pág. 26). Al leerlo me dije "ya podían haber
recurrido al neologismo razonable y perfectamente útil que
propuse hace bastantes años y que, entre otros sitios, aparece
bien resaltado en un libro mío de 2004 bastante conocido":
infoimplemento, traducción de *information appliance*, ya que
en español existen el verbo ´implementar´ (poner en funcionamiento, aplicar métodos, medidas, etc., para llevar algo
a cabo) y el sustantivo ´implemento´ (utensilio). El término
infociudad lo definí, midiendo escrupulosamente cada una de
las palabras de la definición, en un seminario internacional a
finales de 2004 y después ha sido repetido ya como cosa hecha

en varios de mis artículos; también lo usan otros autores, y algunos de éstos citan la definición entre comillas. La palabra **infotecnocracia** la creé y publiqué, ampliamente explicada, en mi blog en marzo de 2009. De paso, una vez más, ironicé sobre la sigla TIC preguntándome retóricamente ¿a alguien puede ocurrírsele proponer la palabra **ticocracia**? Por lo demás, he propuesto el término **tecnorexia** para nombrar una adicción patológica o vicio de consumir tecnología muy por encima de las necesidades o conveniencias reales. Lo expliqué en el mencionado libro de 2004 y después con relevancia de artículo editorial titulado "Tecnorexia bursátil" en la revista *Telos*. Ahora recuerdo también que cuando todo el mundo decía y escribía "Autopistas de la Información" yo, horrorizado porque "autopista" se refiere a automóviles y porque la denominación completa se compone de cuatro palabras, propuse **inforpistas** y publiqué una serie de columnas, reunidas después en un librito de 1996, con el título de "Inforpistas inteligentes".

Por cierto, las conductas personales provocadas por un uso desmadrado de algún tipo de instrumental infotecnológico, debido a su frecuencia e impacto, pueden sugerirnos nuevas palabras aplicables en cualquier dominio , como creo que lo sea el caso de mi propuesta del término **alteregocentrismo** y su derivado **alteregocéntrico**, que utilicé en un artículo publicado en la revista *El Cultural* para denominar ese comportamiento enfermizo de algunas personas que huyen de la vida real para dedicar todo el tiempo que pueden y su energía a vivir una vida virtual metidos en un avatar (un alter ego) creado a su gusto en Second Life.

Dado su éxito y trascendencia social, al tiempo que su cortedad en el número de sus letras, la palabra ´web´ es propicia para emplearse como prefijo y de esa ventaja terminológica podría dar varios ejemplos personales. Citaré simplemente **webografía**, que también he explicado ampliamente en mi blog y que uso en lugar de bibliografía (libros, revistas, periódicos, etc., propios de la galaxia Gutenberg) para referirme en algunas de mis publicaciones a documentos almacenados digitalmente en sitios web cuyas direcciones URL se escriben generalmente comenzando por una w triplicada (www), ya que forman parte de **¿webotecas?** compuestas por las "estanterías" propias de la galaxia digital, que son las memorias de los ordenadores-servidores de los sitios web.

Con gran frecuencia empleo la palabra **internético/-a** para referirme a propiedades o actividades en Internet, diferentes a las de navegar por dicha Red, que ya tiene para expresarlo la palabra internáutico/a. Hasta ahora, ni siquiera la segunda, de uso casi 100% habitual, está en el DRAE.

Habiendo traducido varios libros, inevitablemente he tenido que darle muchas vueltas a la cabeza para encontrar términos adecuados en nuestra lengua, intentando en lo posible evitar los extranjerismos. A este respecto, simplemente daré un par de ejemplos, el primero para poner de manifiesto el poco éxito que puede esperarse de haber logrado localizar un término correcto en español: hay un tipo de software llamado *seamless* software, que traduje buscando la palabra que expresa exactamente lo que significa *seamless*: **inconsútil**; pues bien, en el mundo de la **infotecnología** nadie usa este término en español y eso que es una bella palabra. En cambio, tuve más suerte con el segundo ejemplo: en 1973 se publicó mi traducción de un libro titulado "Estructura y funcionamiento de los computadores digitales"; en él llamaba **ruta de datos** a lo que en francés se denominaba *chemin des données* y en inglés *data path* y desde hace tiempo constituye denominación de uso corriente entre los técnicos dedicados a la estructura y arquitectura de computadores.

Dada mi propensión a inventar palabras, incluso a jugar con ellas, quienes me conocen me piden que, tal como hace el poeta Fernando Beltrán, propietario de la empresa "El Nombre de las Cosas", aunque en mi caso sin interés económico, inventé nombres para empresas, instituciones o eventos varios. Entre otros nombres, Beltrán ha inventado por encargo "Faunia" (parque biológico), "Amena" (compañía telefónica), "OpenCor" (tiendas de El Corte Inglés) y "La Casa Encendida" (centro cultural en Madrid). En mi caso, la petición más reciente que he recibido fue en el mes de marzo pasado, para darle nombre a una empresa a punto de crearse dedicada a la búsqueda, selección y formación de personal de talento, pero puedo citar dos casos anteriores. El primero fue **Satelec**, nombre que di a una exposición anual con novedades de productos y servicios de telecomunicaciones, creada durante 1974 en la Escuela Técnica Superior de Ingenieros de Telecomunicaciones (Universidad Politécnica de Madrid), cuya última convocatoria se ha celebrado en marzo pasado. Hay una empresa que bauticé **Daedalus** hace diez años, dedicada en sus orígenes a la minería de datos y a la ingeniería lingüística, que ahora llaman "tecnologías de la lengua". *Dédalo* significa "laberinto" (a fin de cuentas, pensé, buscar datos es como moverse por un complejísimo laberinto) y, además, en la mitología griega era el arquitecto o artesano que construyó el laberinto de Creta, por tanto, Daedalus, en latín, resulta ser un nombre utilizable internacionalmente (ver www.daedalus.es).

Para terminar esta sección, expondré tres ejemplos más, tomados de mi anteriormente mencionado libro de 2004, en cuyo título figuran los dos primeros: "Más allá de Internet: la **Red Universal Digital;** X-Economía y **Nuevo Entorno Tecnosocial**". Son 390 páginas donde se desarrollan esos dos nombres de gran contenido técnico y sociotécnico. El primero expone lo que entiendo por el tejido infotecnológico, que incluye a Internet, compuesto por una estructura de redes heterogéneas cada día más interoperativas, que modifica profundamente nuestras vidas y crea un nuevo entorno vital y social, cuyas propiedades transformativas se agrupan en un conjunto de 21 dimensiones en el modelo teórico que propongo y al que llamo Nuevo Entorno Tecnosocial (NET). El conjunto de tales propiedades componen un instrumento conceptual por mí bautizado con el nombre de **NEToscopio**, previsto precisamente para estudiar con un cierto rigor las transformaciones que impulsa toda esta poderosa tecnología digital. El término **netoscopio** me lo inspiró mi recuerdo muy vivo de mi traducción, publicada en 1977, del libro *El Macroscopio*, de Joël de Rosnay, nombre con el que su autor designaba al conjunto de conceptos y modelos necesarios para estudiar la complejidad. También yo sostengo que una parte importante de mi actividad profesional la dedico a la **Sociotecnología de la Información** (teoría de la complejidad sociotécnica de las tecnologías de la información).

La "casa de las palabras" también puede tener un salón de juegos.

En Nerja (Málaga) han fundado una "casa de las palabras" que definen como un "espacio articulado en torno a la lengua y la imaginación", pero en este texto yo sigo refiriéndome, ya para terminar, a una faceta de la metáfora "la lengua es la casa en la que habito", que es la del juego con las palabras, inventadas o maquilladas sin más intención que divertirse, caricaturizar y en algunas ocasiones para llamar la atención o dotar de una relevancia verbal, por supuesto poco científica, a algún concepto o situación de tu entorno profesional o local. Ejemplos:

Infoneurastenia, título general de una serie de 19 columnas sobre asuntos varios que he publicado en la revista del Colegio Oficial de Ingenieros de Telecomunicación.

Nasochip, nombre que di en columna publicada el año 2000 a un tipo de chip que contiene centenares o miles de sensores de olor ('naso' proviene del latín 'nasus', nariz, y existe en el DRAE con el significado de "nariz grande").

Weborrea, broma terminológica para referirme con ironía al exceso de trivialidades y repetición inacabable de lugares comunes publicados sobre la Web 2.0.

Presentual. Durante el curso académico 2006-07, creé el sistema edublog RUDNET 2.0 para soportar la impartición de la asignatura Innovación Tecnológica, que tuvo un gran éxito. Todos los alumnos confirmaron que la mezcla que hicimos de presencialidad y virtualidad era lo mejor que podíamos haber hecho. Es decir, en lugar de crear lo que llaman un EVA (Entorno Virtual de Aprendizaje), desarrollamos un EPTA (Entorno PresenTual de Aprendizaje), o sea, en parte PRESENcial y en parte VirTUAL.

Memhez (memheces, en plural). Charlando un día con mi amigo Antonio comentamos indignados que algo que se había dicho o escrito era una memez, una basura, una caca. Sobre la marcha, se me ocurrió decir que entonces, más que una memez, era una memhez (´hez´, lo mismo que caca, significa desperdicio, excremento, inmundicia). A mi amigo le gustó tanto que abrió con ese nombre en plural una sección en su blog para registrar y comentar sistemáticamente memheces que se dicen y publican.

Biblioteleca, otra broma terminológica local que utilizo para referirme específicamente a nuestra biblioteca de la Escuela de "Telecos", con aceptación extraoficial bien humorada por parte de su directora.

Fumardin, exterior ajardinado de los edificios de nuestra Escuela, donde personal y alumnos salen a fumar, no a contemplar los árboles ni el césped.

Complexmanía, palabra que he introducido en el prólogo de otro libro mío de próxima aparición, "Complejidad y Tecnologías de la Información", para exponer irónicamente que acaso mis convicciones acerca de la importancia de los conocimientos sobre la complejidad pudieran ser calificados como una manía personal.

Con lo expuesto en esta última sección, me pregunto y tal vez se pregunten los asistentes, si no estaré atrapado por una suerte de **neologomanía,** o quizá, lo mismo que padezco de faringitis crónica, por una **neologitis** crónica.

COLECCIÓN
NUEVOS DISCURSOS